Fotos rechtssicher nutzen im Internet

Robert Golz, Marie Slowioczek-Mannsfeld

Fotos
rechtssicher nutzen im
Internet

mitp

Bibliografische Information der Deutschen Nationalbibliothek
Die Deutsche Nationalbibliothek verzeichnet diese Publikation in der Deutschen Nationalbibliografie;
detaillierte bibliografische Daten sind im Internet über <http://dnb.d-nb.de> abrufbar.

Bei der Herstellung des Werkes haben wir uns zukunftsbewusst für umweltverträgliche und
wiederverwertbare Materialien entschieden.
Der Inhalt ist auf elementar chlorfreiem Papier gedruckt.

ISBN 978-3-95845-075-2
1. Auflage 2018

www.mitp.de
E-Mail: mitp-verlag@sigloch.de
Telefon: +49 7953 / 7189 - 079
Telefax: +49 7953 / 7189 - 082

Lektorat: Sabine Schulz
Sprachkorrektorat: Petra Heubach-Erdmann
Fotos (sofern nicht anders angegeben): © Marie Slowioczek-Mannsfeld
Covergestaltung: Christian Kalkert
Satz: III-satz, Husby, www.drei-satz.de
Druck: Medienhaus Plump GmbH, Rheinbreitbach

Inhaltsverzeichnis

Teil 3: Rechtsfolgen von Verstößen   195

Einleitung

Fotos sind aus der digitalen Welt nicht wegzudenken und ihre Bedeutung wird weiter zunehmen. Egal ob Webshop, Online-Magazin, soziales Netzwerk oder Blog: eine *professionelle* Bebilderung ist ein wesentlicher Faktor im Wettbewerb um Kunden, Leser oder Reichweite und damit auch für den wirtschaftlichen Erfolg.

Dies gelingt aber nur, wenn Sie hierbei keine Rechte Dritter verletzen. Dieses Buch wird Sie dabei unterstützen, Bilder rechtskonform zu verwenden und keine Fehler zu machen. Anhand von praxisnahen Tipps, Hinweisen, Checklisten und Mustertexten erfahren Sie alles, was Sie über die Verwendung von Fotos im Internet wissen sollten.

Im ersten Teil des Buches werden die Grundlagen des Urheberrechts erläutert: Was ist Urheberrecht, wie entsteht es und welche Rechte des Fotografen müssen beachtet werden? Sie erfahren, was Sie beim Erwerb von Fotos beachten müssen, welche Rechte Sie benötigen und wie Sie dies vertraglich regeln. Es wird erläutert, wann Sie ausnahmsweise keine Lizenz benötigen und wie Sie erworbene Fotos bearbeiten und einsetzen dürfen. Ebenso wichtig ist die Auseinandersetzung mit Stockfoto-Agenturen und Gratis-Fotoanbietern im Internet. Sie bekommen einen Überblick über die AGB der wichtigsten Fotoagenturen und verstehen, was sich hinter der kostenlosen CC-Lizenz verbirgt.

Der zweite Teil des Buches setzt sich intensiv mit den Rechten Dritter an Fotos auseinander. In Kapitel 7 geht es darum, was man beachten muss, wenn Personen abgebildet sind. Was ist ein Model Release und wann brauche ich eines? Darf ich Fotos meiner Mitarbeiter ins Internet stellen? In Kapitel 8 wird erklärt, was bei Fotos von Sachen, Gebäuden und anderen Dingen zu beachten ist. Sie finden Wissenswertes zur Verwendung von Fotos mit Abbildungen von Marken, Designs und urheberrechtlich geschützten Werken und wie Sie diese verwenden können, ohne eine Abmahnung zu riskieren.

Im dritten Teil des Buches erfahren Sie schließlich, was passiert, wenn doch einmal etwas schiefgelaufen ist: Welche Rechte Sie haben, wenn ein bestelltes Foto nicht Ihren Vorstellungen entspricht, aber auch welche Rechte der Fotograf oder andere Rechteinhaber gegen Sie haben können, wenn Sie Fotos unrechtmäßig verwenden. Der allseits bekannte Unterlassungsanspruch wird ebenso erklärt, wie der weniger bekannte Auskunftsanspruch des Rechteinhabers und natürlich dessen Anspruch auf Ersatz des entstandenen Schadens.

Das Buch schafft Grundlagenwissen dafür, wie Sie sicher mit Fotos im Internet umgehen, dient aber ebenso als Nachschlagewerk für diejenigen, die sich nur punktuell über bestimmte Probleme und Rechtsfragen informieren möchten.

Über die Autoren

Robert Golz, LL.M. (Auckland) ist Partner bei HÄRTING Rechtsanwälte und Fachanwalt für Urheber- und Medienrecht. Die Schwerpunkte seiner Tätigkeit als Rechtsanwalt liegen im Urheber-, Presse- und Persönlichkeitsrecht, wozu er auch regelmäßig publiziert und Vorträge hält, so z.B. auch als Lehrbeauftragter an der Medienakademie Berlin (Hochschule Mittweida) für Urheber- und Medienrecht. Er ist ferner Mitbetreiber und regelmäßiger Autor des HÄRTING Sportblogs, der sich Themen an der Schnittstelle zwischen Medien- und Sportrecht widmet.

Marie Slowioczek-Mannsfeld war 3 Jahre als Rechtsanwältin im Bereich Gewerblicher Rechtsschutz und Urheberrecht für die Berliner Kanzlei HÄRTING Rechtsanwälte PartGmbB tätig. Seit November 2016 ist sie Head of Legal der COPYTRACK GmbH, einem Rechtsdienstleister für Fotografen und Agenturen, der sich international für die Durchsetzung von Urheberrechten einsetzt. Neben dieser Tätigkeit hält sie Seminare und Vorträge zum Fotorecht. Aufgrund einer großen persönlichen Leidenschaft für die Fotografie ist sie nicht nur wegen Ihres Berufs für die Fragen und Probleme des Fotorechts sensibilisiert.

Teil 1

Fotos rechtssicher verwenden

Der Fotograf ist Inhaber der Urheberrechte an seinen Fotos. Möchten Sie ein fremdes Foto verwenden, müssen Sie sich die Rechte daran einräumen lassen. Das gilt auch für Fotos, die vermeintlich frei im Internet verfügbar sind. Im ersten Teil des Buches wird erläutert, welche Rechte es gibt und wie Sie sich die Rechte zur Nutzung des Fotos einräumen lassen können. Ebenso erfahren Sie, wann es ausnahmsweise keiner Zustimmung des Fotografen bedarf.

Wenn Sie Fotos von Foto-Agenturen aus dem Internet erwerben möchten, lohnt ein Blick in das Kapitel 6. Darin finden sich nicht nur Zusammenfassungen der AGB verschiedener Stock-Foto-Agenturen, sondern auch umfassende Erläuterungen zur Creative Commons Lizenz.

Kapitel 1

Wann ist ein Foto geschützt?

Die zunehmende wirtschaftliche Bedeutung der Fotografie gerade auch außerhalb des rein künstlerischen Bereichs, also der klassischen Kunstfotografie, kommt nicht von ungefähr. Das Internet ist ein sehr visuelles Medium. Fotos bilden hier eine willkommene Möglichkeit, die eigenen Inhalte anschaulich zu präsentieren und von anderen abzugrenzen.

Im Unterschied zu anderen Werkarten tritt bei Fotos jedoch der Umstand hinzu, dass – egal wie profan sie sind – sie beinahe immer urheberrechtlich geschützt sind. Das bedeutet, dass dem Fotografen immer umfangreiche Rechte an dem Foto zustehen, die der Fotoverwender verletzt, wenn er sich keine Nutzungsrechte einräumen lässt. Umso wichtiger ist es für den Verwender von Fotos im Internet, diese Rechte und Pflichten wenigstens in den Grundzügen zu kennen.

Das Urheberrecht unterscheidet zwei Arten von Fotos – Lichtbildwerke und einfache Lichtbilder. Auch wenn beide Arten fast gleichwertig geschützt sind, kann dies z.B. im Verletzungsprozess eine Rolle spielen, wenn der Fotograf von einem unberechtigten Fotoverwender Schadensersatz fordert. Aus diesem Grund ist es hilfreich, die Unterschiede zwischen den beiden Arten zu kennen.

1.1   Schutz als Lichtbildwerk

Der Schutz des Fotos folgt aus dem Urheberrechtsgesetz, nachfolgend nur *UrhG* genannt. Eigentlich schützt das Urheberrecht nur »Werke«. Werke in diesem Sinne setzen eine *persönliche geistige Schöpfung* voraus. Fotos können danach als sog. *Lichtbildwerke* geschützt sein, § 2 Abs. 1 Nr. 5 UrhG.

Der Begriff des Lichtbildwerks erfasst alle Verfahren der Bildaufzeichnung, die Bilder mittels strahlender Energie erzeugen. Die technische Art der Herstellung der Fotografie (Art der Fotokamera) ist hierbei ebenso *unbeachtlich* wie die Speicherform (analog oder digital).

Grundvoraussetzung ist, dass das Foto *von einem Menschen* geschaffen wurde und *kein Zufallsergebnis* darstellt.

Beispiel

Das berühmte »Affen-Selfie« eines Schwarzen Makaken, der die Kamera eines Naturfotografen stibitzte und sodann eine Vielzahl von Fotos schoss, genießt keinen Schutz als Lichtbildwerk.

Der Fotograf sah dies anders und ging gegen das Internet-Lexikon Wikipedia vor, das die Fotos verwendet hatte. Aber der Fotograf besitzt keine Urheberrechte an dem Foto, denn er hat weder den Auslöser selbst betätigt noch das Foto arrangiert. Es war ein reines Zufallsprodukt.

© WIKIPEDIA / PUBLIC DOMAIN

Abb. 1.1: *Makake*

Voraussetzung für ein Lichtbildwerk ist weiter, dass das Foto die notwendige *Schöpfungs-*(auch Gestaltungs-)*höhe* aufweist, also eine individuelle Betrachtungsweise und künstlerische Aussage des Fotografen erkennen lässt, die sich von der lediglich gefälligen Abbildung abhebt. Kurzum: Es darf *nicht lediglich Resultat einer routinemäßigen, rein handwerklichen Tätigkeit* oder ein »Schnappschuss« sein.

Hinweis
Zu beurteilen ist dies z.B. anhand des gewählten Motivs und des Arrangements, aber auch der erkennbaren Ausdruckstechniken, wie Verhältnis Licht/Schatten, des Kontrastes, der Perspektivwahl und des Bildausschnitts oder der Blendeneinstellung.

Die *Anforderungen* an die notwendige Schöpfungshöhe sind aber *nicht besonders hoch*. Es gilt hier das Prinzip der sog. »kleinen Münze«, einem herabgesetzten Bewertungsmaßstab mit nicht allzu hohen Schutzanforderungen.

Wichtig
Ausreichend ist danach ein Mindestmaß an persönlicher geistiger Leistung, wie es in der Regel schon bei einfachen Fotografien gegeben ist. Eines besonderen Maßes an schöpferischer Gestaltung bedarf es danach für den Schutz als Lichtbildwerk nicht (BGH, Urteil vom 3.11.1999 – I ZR 55/97).

Abb. 1.2: Lichtbildwerk

Weist eine Fotografie die vorstehenden Werkmerkmale auf, so genießt sie als *Lichtbildwerk* den Schutz des Urheberrechts.

1.2   Schutz als Lichtbild

Erfüllt ein Foto nicht die Voraussetzungen des Lichtbild*werk*schutzes, was z.B. bei einfachen eBay-Verkaufsfotos im privaten Bereich oder Urlaubsschnappschüssen mit dem Smartphone der Fall sein wird, heißt dies jedoch nicht, dass überhaupt kein Schutz nach dem UrhG besteht.

Diese Fotos können als *Lichtbild* oder *ähnlich wie Lichtbilder hergestellte Erzeugnisse* geschützt sein, § 72 UrhG.

Sie genießen *denselben Schutz* wie die Lichtbildwerke und werden diesen damit praktisch gleichgestellt. Praktische Relevanz erlangt die Unterscheidung jedoch unter Umständen dann, wenn es um die Frage geht, ob die Urheberrechte verletzt wurden und in welcher Höhe ein Anspruch auf Schadensersatz besteht, hierzu Abschnitt 1.3.

Wichtig

Der Lichtbildschutz hat zur Folge, dass *faktisch jedes Foto* den weitreichenden Schutz nach dem Urheberrechtsgesetz genießt.

Die Voraussetzungen an den Lichtbildschutz sind denkbar gering. Das Lichtbild kann auch das Ergebnis einer rein technischen Leistung sein.

Wichtig

Der Schutz eines Fotos als Lichtbild setzt keinerlei handwerkliche oder sogar künstlerische Fähigkeit voraus.

Voraussetzung für den Lichtbildschutz ist lediglich ein *Mindestmaß an geistiger Leistung*, die z.B. auch allein in der Festlegung der Aufnahmebedingungen liegen kann, die die Zuordnung der Aufnahme zu einer bestimmten natürlichen Person ermöglicht.

Beispiel

Auch einfachste Fotoaufnahmen von Speisen sind urheberrechtlich geschützt, wie z.B. das vorstehende Foto eines Spargelrisottos (BGH, Urteil vom 12.11.2009 – I ZR 166/07 – *marionskochbuch.de*).

Auch muss es sich um ein sog. Urbild, also die erstmalige fotografische Fixierung handeln. Ein »Bild vom Bild« wäre demnach nicht als Lichtbild geschützt.

Erfasst werden als *Lichtbilder* z.b.:

- Urlaubsschnappschüsse
- einfache Produktfotos
- Selfies
- Gutachterfotos, z.B. in verkehrsgerichtlichen Verfahren
- Fotos von Lebensmitteln für Rezeptwebseiten

Geschützt sind aber auch *ähnlich wie Lichtbilder hergestellte Erzeugnisse*, z.B.:

- Standbilder einer Wetterkamera
- Satellitenaufnahmen
- Luftbildaufnahmen
- Ultraschallbilder
- Passbilder eines Automaten
- Radarfotos

Keine Lichtbilder oder ähnlich wie Lichtbilder hergestellte Erzeugnisse sind:

- Fotokopien
- Abzüge von Fotos
- CAD- oder CAM-Bilder

Computergrafiken und -animationen sind ebenfalls keine Lichtbilder. Der schöpferische Akt liegt in der Programmierung und nicht in der Bildherstellung. Solche Bilder können aber als Werke der bildenden Künste urheberrechtlich geschützt sein (OLG Hamm, Urteil vom 24.8.2004 – 4 U 51/04).

Umstritten ist, wie *technische Reproduktionsbilder*, also Fotos, die lediglich ein vorbestehendes zweidimensionales, in der Regel gemeinfreies Werk (z.B. ein Gemälde in einem Museum) identisch abbilden, zu bewerten sind.

Beispiel

Die Reiss-Engelhorn-Museen Mannheim hatten Abmahnungen gegen Webseitenbetreiber wegen der Verwendung eines alten Richard-Wagner-Porträts ausgesprochen. Das fotografierte Porträt selbst genoss keinen Schutz nach dem UrhG mehr. Das Foto stammte aus Wikipedia. Das LG Berlin sah auch in der Reproduktionsfotografie ein geschütztes Lichtbild. Das Mindestmaß an persönlicher geistiger Leistung trete bei Gemäldefotografien in der verzerrungsfreien Wiedergabe des Kunstwerkes unter Ausblendung von Lichtreflexen unter der Wahl des Bildausschnittes zutage (LG Berlin, Urteil vom 19.5.2015 – 16 O 175/15).

Beispiel

In einem anderen Fall hat wieder ein Museum eine Reproduktionsfotografie eines gemeinfreien Gemäldes anfertigen lassen, die die Museumsbesucher erwerben konnten. Das Fotografieren selbst war in dem Museum nicht gestattet. Ein Dritter hatte das Foto ohne Genehmigung verwendet. Das AG Nürnberg sah in der Reproduktionsfotografie jedoch ein geschütztes Lichtbild, verneinte dann aber im Ergebnis den Schutz, weil das Museum das Fotografieren des gemeinfreien Gemäldes untersage und damit die Regelung zur Gemeinfreiheit von Werken und der damit verbundenen gesetzgeberischen Wertung unterlief.

Hierbei muss zwischen der rein technischen Reproduktion (etwa die Vervielfältigung von Dia-Positiven) und der fotografischen Reproduktion unterschieden werden. Letzterer kann der Lichtbildschutz wohl nicht abgesprochen werden.

Die fotografische Reproduktion, sprich die Aufnahme z.B. eines Gemäldes, erfordert einiges an handwerklichem Können mit Blick auf Beleuchtung und Wahl der Kameraausrüstung. Damit legt der Fotograf die Aufnahmebedingungen selbst fest, was ihn als Lichtbildner erkennen lässt.

> ### Hinweis
>
> Auch bei Reproduktionsfotografien, insbesondere von Gemälden, handelt es sich um Lichtbilder, die grundsätzlich dem Schutz des Urheberrechts unterliegen. Ungeachtet dessen kann ein Museum aber durch Fotografieverbote die Anfertigung von Fotografien der ausgestellten Werke untersagen. Hierzu hier mehr in Abschnitt 7.2

Bei der rein technischen Reproduktion werden dagegen allein durch eine technische Einrichtung Kopien des Originals angefertigt.

1.3   Ist die Unterscheidung zwischen Lichtbildwerk und Lichtbild relevant?

Ja. Auch wenn praktisch alle Fotos unter den Schutz des UrhG fallen, kann die Unterscheidung praktische Relevanz haben.

Zum einen besteht ein Unterschied bei den sog. *Schutzfristen*, also dem Zeitraum, für den der Urheber Schutz für die Fotos beanspruchen kann. Nach Ablauf der Schutzfrist werden die Fotos *gemeinfrei*. Sie können dann beliebig verwertet werden. Einer Erlaubnis des Urhebers bedarf es dann nicht mehr.

Der Urheberrechtsschutz bei Lichtbildwerken erlischt *70 Jahre nach dem Tod des Urhebers,* § 64 UrhG.

Beispiel

Der Fotograf Helmut Newton verstarb am 23.1.2004. Seine Werke sind in Deutschland demnach bis zum 31.12.2074 geschützt.

Lichtbilder haben lediglich eine Schutzdauer von *50 Jahren* nach ihrem ersten *Erscheinen* oder ihrer *öffentlichen Wiedergabe*, je nachdem was früher erfolgt ist, und vorausgesetzt, dass die *Herstellung* des Lichtbildes zu diesem Zeitpunkt nicht länger als 50 Jahre zurückliegt, § 72 Abs. 3 UrhG. Wenn das Lichtbild innerhalb der 50 Jahre weder erschienen ist noch öffentlich wiedergegeben wurde, erlischt der Schutz 50 Jahre nach der *Herstellung*. Im Ergebnis kann ein Lichtbild danach maximal 100 Jahre geschützt sein, wenn es im 50. Jahr nach seiner Herstellung erstmals erscheint oder öffentlich wiedergegeben wird.

Beispiel

Der im Jahr 2000 angefertigte Urlaubsschnappschuss wird im Jahr 2015 auf Facebook für alle sichtbar eingestellt. Der Schutz endet dann im Jahr 2065. Ein zwischenzeitlicher Tod des Fotografen ist ohne Einfluss auf die Schutzdauer.

Tipp

Aufgrund diverser Gesetzesänderungen im Hinblick auf die einzelnen Schutzfristen und Übergangsregelungen der §§ 135a ff. UrhG kann die Berechnung der Schutzfrist im Einzelfall recht kompliziert sein. Hier empfiehlt sich der Gang zum spezialisierten Rechtsanwalt.

Zum anderen ist der Schutz gegen das *Nachstellen von Motiven* (siehe hierzu Abschnitt 3.4) oder gegen das Bearbeiten von Fotos, die sog. *unfreie Bearbeitung*, bei Lichtbildern nicht in dem Umfang gegeben wie bei Lichtbildwerken, § 23 UrhG (siehe hierzu Abschnitt 3.1).

Schließlich wird der im Falle einer Verletzung der Urheberrechte an einem Foto zu zahlende *Lizenzschadensersatz* bei einem Lichtbildwerk höher anzusetzen sein als bei einem Lichtbild (siehe hierzu Abschnitt 9.2.3).

1.4 Wie erlangt ein Foto Urheberschutz?

Bedarf es einer Eintragung in einem Register oder einer sonstigen Erklärung? Muss man sich das Urheberrecht vorbehalten?

Ein klares *Nein*.

Der Schutz eines Fotos als Lichtbildwerk oder Lichtbild besteht *automatisch*.

Für den Schutz nach dem UrhG in Deutschland ist insbesondere auch nicht Voraussetzung, dass das Foto mit einem *Copyright-Hinweis*, wie dem ©-Symbol, gekennzeichnet ist oder der Urheber sich auf sonstige Weise die Urheberrechte an dem Foto vorbehält.

> ## Wichtig
>
> Der Schutz eines Fotos nach dem UrhG erfordert keinen Hinweis, dass ein Urheberrecht an dem Foto zugunsten des Fotografen besteht, oder sonstige Erklärungen. Der Schutz besteht automatisch durch das Gesetz.

Entsprechende auf fast jeder Webseite im Impressum zu findende Hinweise und Erklärungen, wonach der Webseitenbetreiber sich die Urheberrechte an den dargestellten Inhalten vorbehält oder auf deren Schutz durch das Urheberrecht hinweist, etwa in der folgenden Form, sind für den Schutz nicht erforderlich.

Beispiel

Urheberrecht
Die durch die Seitenbetreiber erstellten Inhalte und Werke auf diesen Seiten unterliegen dem deutschen Urheberrecht. Die Vervielfältigung, Bearbeitung, Verbreitung und jede Art der Verwertung außerhalb der Grenzen des Urheberrechtes bedürfen der schriftlichen Zustimmung des jeweiligen Autors bzw. Erstellers ...

Eine andere Frage ist, wie der Urheber seine Fotos gegen eine unkontrollierte Verwendung im Internet schützen oder auch seine Urheberschaft nachweisen kann. Einen vollständigen technischen und zugleich praktikablen Schutz von Fotos im Internet gibt es bisher nicht. Dem Rechteinhaber verbleibt daher wohl nur die Möglichkeit, den Rechtsverstoß zu gut wie möglich nachweisbar zu machen, etwa durch in der Bilddatei oder in dem Foto selbst hinterlegte Wasserzeichen oder Signaturen und indem er die Original-Dateien (RAW-Datei, die komplette Serie, aus der das Foto stammt) aufbewahrt.

Fazit

Praktisch jedes Foto, das von einem Menschen gemacht wurde, genießt Urheberschutz. Damit bedarf die Verwendung von Fotos, die man im Internet zahlreich findet, sei es in einem Webshop, auf einem Blog oder als Ergebnis der Google-Bildersuche stets der Zustimmung des Urhebers. Sie dürfen also nicht einfach Fotos von fremden Internetseiten verwenden, auch wenn sich dort kein Hinweis auf die Urheberschaft findet. Der Urheberschutz an dem Foto entsteht ganz automatisch im Augenblick der Fertigstellung des Fotos. Es muss weder registriert noch mit einem Copyright-Hinweis markiert werden. Die Zustimmung zur Nutzung des Fotos kann nur der Urheber oder ein Lizenznehmer des Fotografen erteilen, dem das Recht eingeräumt wurde, anderen Rechte an den Fotos einzuräumen. Etwas anderes kann ausnahmsweise nur dann gelten, wenn das Gesetz die Nutzung gestattet (siehe hierzu Abschnitt 5.1) oder der Fotograf der Verwendung zugestimmt hat, etwa in Form einer CC-Lizenz (siehe hierzu Abschnitt 6.3).

Kapitel 2

Ich möchte ein Foto nutzen – welche Rechte brauche ich?

Am Anfang steht in der Regel eine Idee, wofür man ein Foto verwenden will. Sei es zur Bebilderung eines Blogs, für eine Produktdarstellung in einem Online-Shop oder für eine Online-Werbekampagne. Ausgehend von diesen praktischen und konzeptionellen Vorstellungen stellt sich die Frage, welche Rechte der Fotoverwender für diese konkreten Nutzungsformen erwerben und welche Rechte anderer er beachten muss.

Dies setzt jedoch voraus, dass Sie wissen, *welche Rechte* dem Fotografen an einem Foto überhaupt zustehen, wie weit sie reichen und was sie im Einzelnen gestatten. Erst dann wissen Sie als Fotoverwender, welche Rechte Sie für Ihre gewünschte Nutzung benötigen und welche Urheberrechte Sie beachten müssen.

Hierfür ist zwischen den nachfolgend dargestellten zwei Arten von Rechten zu unterscheiden.

2.1   Die zwei Arten von Rechten des Fotografen

Dem Urheber eines Fotos stehen zwei Arten von Rechten zur Seite, die mehr oder weniger miteinander verzahnt sind und die ihm die vollumfängliche und alleinige kommerzielle Verwertung seines Werkes ermöglichen:

▸ die *Urheberpersönlichkeitsrechte*,

   die den Fotografen in seiner persönlichen Beziehung zu seinem Foto schützen und

▸ die *Verwertungsrechte*,

   die dem Fotografen, wie auch jedem anderen Urheber, die kommerzielle Verwertung seines Werkes ermöglichen, sprich, dass er von seiner Kunst leben kann.

Beide Rechtsarten sind bei der geplanten Nutzung von Fotos stets zu beachten. Eine Verletzung bereits einer dieser beiden Rechtsarten kann verschiedene Ansprüche gegen den Verwender, z.B. auf Unterlassung der Fotonutzung und der Zahlung von Schadensersatz nach sich ziehen (siehe hierzu Abschnitt 9.2).

Es gibt jedoch auch gesetzliche Ausnahmen im Urheberrechtsgesetz, sog. *Schranken*, im Rahmen derer die Rechte des Fotografen nicht eingeholt werden müssen (siehe hierzu Abschnitt 5.1).

2.1.1   Urheberpersönlichkeitsrechte

Den Fotografen als Schöpfer eines Fotos, egal ob Lichtbildwerk oder einfaches Lichtbild (zur Unterscheidung siehe Kapitel 1), verbindet mit seinem Foto eine Art unsichtbares Band. Diese persönliche Beziehung zu seinem Werk, dem Foto, wird über die sog. *Urheberpersönlichkeitsrechte* geschützt.

> **Wichtig**
>
> Die Urheberpersönlichkeitsrechte sind untrennbar mit dem Fotografen verbunden. Er kann sie weder übertragen noch einfach auf sie verzichten.

Man unterscheidet zwischen den folgenden drei Urheberpersönlichkeitsrechten:

▸ *Erstveröffentlichungsrecht:* Der Fotograf allein entscheidet darüber, ob und wann sein Foto an die Öffentlichkeit gelangt – siehe hierzu Abschnitt 2.3.

▸ *Urhebernennung:* Der Fotograf bestimmt, ob und wie er in Verbindung mit seinem Foto als Urheber zu nennen ist – siehe hierzu Abschnitt 2.7.

▸ *Entstellung:* Der Fotograf kann sich gegen die Beeinträchtigung seines Fotos wehren, also dagegen, dass es in einer Weise verwendet wird, die dazu führt, dass es seinen ursprünglichen Charakter verliert – siehe hierzu Abschnitt 3.2.

2.1.2 Verwertungsrechte

Die zweite Gruppe an Rechten des Fotografen an seinem Foto bilden die sog. *Verwertungsrechte*. Sie sollen ihm die wirtschaftliche Nutzung seines Werkes sichern und ermöglichen.

Die wirtschaftliche Verwertung setzt voraus, dass diese in der Öffentlichkeit stattfindet. Der Fotograf allein entscheidet, unabhängig von der Art der Nutzung, ob kommerziell oder privat, durch wen und in welchem Umfang, sein Werk in der *Öffentlichkeit* verwendet werden darf. Ist die Verwendung nicht öffentlich, sondern privat, verletzt man mit der Verwendung der Fotos keine Verwertungsrechte des Fotografen.

Eine öffentliche Wiedergabe liegt immer dann vor, wenn sie für eine Mehrzahl von Mitgliedern der Öffentlichkeit bestimmt ist. Weder ist erforderlich, dass die Personen die Wiedergabe überhaupt wahrnehmen noch dass sie das gleichzeitig tun.

Eine Wiedergabe im Internet ist immer dann öffentlich, wenn keine Beschränkung des Zugriffs erfolgt, etwa in Form von geschlossenen Gruppen, bei denen nur Personen Zugang haben, die mit dem Seiteninhaber *persönlich verbunden* sind. Handelt es sich im Umkehrschluss also um eine geschlossene Gruppe, z.B. in einem privaten Chat, so fehlt es am Merkmal der Öffentlichkeit.

Beispiel

Auf Facebook wird eine Sichtbarmachung von Fotos nur für »Freunde«, ab einer gewissen Anzahl von Freunden (ca. 100) öffentlich im Sinne des Urhebergesetzes sein, denn eine persönliche Verbundenheit zu diesen Personen wird nicht angenommen werden können. Feste Grenzen, ab wie viel Freunden ein Facebook-Profil als öffentlich gilt, existieren nicht. Ist das Facebook-Profil und die dort bereitgehaltenen Inhalte hingegen für alle einsehbar, ob befreundet oder nicht, so ist es in jedem Fall öffentlich.

Die Verwertungsrechte sind im Urhebergesetz gesetzlich definiert, dort jedoch nicht abschließend aufgezählt. Die für die Fotonutzung im Online-Bereich wichtigsten Verwertungsrechte sind

- das Recht der *öffentlichen Zugänglichmachung* – Abschnitt 2.4,
- die Generalklausel der *öffentlichen Wiedergabe* – Abschnitt 2.5 und
- das *Vervielfältigungsrecht* – Abschnitt 2.6.

Im Folgenden werden detailliert die einzelnen Rechte des Fotografen beschrieben, die Sie beachten müssen, wenn Sie Fotos im Internet verwenden.

2.2   Die wichtigsten Rechte für die Verwendung von Fotos im Internet

Wer ein Foto online – für alle Internetnutzer einsehbar – abbildet und es hierzu speichert, also die Abrufbarkeit selbst kontrolliert, berührt hierdurch die in diesem Abschnitt erläuterten Rechte des Fotografen an diesem Foto und dies bedarf dann dessen Zustimmung. Es spielt keine Rolle, ob das Foto

- im eigenen Webshop als Produktfoto,
- zur Bebilderung eines Blogbeitrags,
- in einem Online-Computerspiel,
- in einem PDF online,
- in einem Video z.B. auf YouTube,

- ▶ auf einer Unternehmenswebseite,
- ▶ in einem Online-Archiv
- ▶ etc.

online abgebildet wird.

Vorsicht
Es spielt grundsätzlich keine Rolle, ob die Verwendung im kommerziellen Interesse erfolgt und damit sogar ein Gewinn erzielt wird oder ob der Verwender lediglich einen künstlerischen oder gemeinnützigen Zweck verfolgt.

Das entscheidende Verwertungsrecht für die Online-Nutzung eines Fotos ist das Recht der *öffentlichen Zugänglichmachung* (siehe hierzu Abschnitt 2.4). Das bei Online-Nutzung zwar ebenfalls berührte Verwertungsrecht der *Vervielfältigung* (siehe hierzu Abschnitt 2.6) geht in den meisten Fällen in diesem Recht auf bzw. ist notwendigerweise in diesem enthalten.

2.3 Das Recht der Erstveröffentlichung

Der Urheber hat das Recht, zu bestimmen, ob und wie sein Werk veröffentlicht werden darf, § 12 UrhG. Ihm allein soll es überlassen bleiben, ob er sein Werk als fertig erachtet und in die Welt entlassen will. Diese Entscheidung liegt allein bei ihm. Erst mit der Entscheidung für eine Veröffentlichung macht der Fotograf sein Foto zum Gegenstand des Rechtsverkehrs.

Das Erstveröffentlichungsrecht ist Vorbedingung für jede Form der kommerziellen Verwertung des Fotos. Wird die Verwertung eines Fotos einem Dritten überlassen, so hat der Fotograf die Veröffentlichung des Werkes zu dulden, denn anders ist in der Regel eine wirtschaftliche Auswertung des eingeräumten Nutzungsrechts nicht möglich.

Tipp
Eben weil die Veröffentlichung für jede Form der kommerziellen Verwertung eines Fotos zwingend erforderlich ist, wird das Erstveröffentlichungsrecht des Fotografen in der vertraglichen Ausgestaltung häufig nicht ausdrücklich geregelt. Es besteht hier eine tatsächliche Vermutung für die Duldung der Ausübung des Veröffentlichungsrechts durch den Verwerter. Das Veröffentlichungsrecht muss also nicht ausdrücklich vertraglich eingeräumt werden.

2.4　Recht der öffentlichen Zugänglichmachung – »Internetrecht«

Mit Fug und Recht kann das *Recht der öffentlichen Zugänglichmachung* als das »Internetrecht« bezeichnet werden, § 19a UrhG. Nur wer sich dieses Recht hat einräumen lassen, darf ein Foto im Internet verwenden, denn das Recht erlaubt jede Form der Sichtbarmachung des Fotos im Internet.

Wichtig
Das Recht der öffentlichen Zugänglichmachung erlaubt dem Fotoverwender, das Foto so zugänglich zu machen, dass andere Personen das Foto von jedem Ort und zu jeder Zeit abrufen können. Nur wenn Sie dieses Recht erworben haben, dürfen Sie ein Foto im Internet verwenden, also anderen zugänglich machen.

Ein Zugänglichmachen in diesem Sinne bedeutet, dass sich das Foto in der Zugriffssphäre des Vorhaltenden befindet. Hat der Verwender keine Verfügungsgewalt über das Foto, also ist es z.B. auf einem fremden Server gespeichert und wird es nicht mehr im Internet abgebildet, wenn es an der Quelle gelöscht wird, so liegt keine öffentliche Zugänglichmachung vor.

Sonderfall Verlinkung (Framing)

Ein Foto befindet sich z.B. dann nicht in der Zugriffssphäre des Verwenders, wenn er von seiner Internetseite nur auf ein Foto *verlinkt* bzw. dieses mittels *Framing* eingebunden hat (beides wird im Folgenden als »Verlinkung« bezeichnet).

Bloße *Verlinkungen*, egal ob einfache Hyperlinks, Deep-Links (also ein Link auf eine Unterseite) oder das sog. Framing von Inhalten (das Einbinden fremder Inhalte mittels eines Rahmens auf der eigenen Internetseite, ohne dass die Inhalte auf dem eigenen Server gespeichert werden), sind *keine öffentliche Zugänglichmachung*, denn auf diese Fotos hat der Fotoverwender selbst keinen direkten Zugriff. Wenn das Foto an der Quelle gelöscht wird, auf die verlinkt wurde, führt die Verlinkung ins Leere und das Foto ist nicht mehr abrufbar.

Aber auch solche Verlinkungen sind nicht ohne die Zustimmung des jeweiligen Fotografen gestattet.

Beispiel

Ein Webseitenbetreiber kommt auf die Idee, Fotos, die er auf seiner Webseite darstellen möchte, nicht im Wege einer kostenverursachenden Lizenz zu erwerben, sondern diese im Wege des Framings einzubinden, also ohne dass er die Fotos in irgendeiner Weise speichert oder vorhält.

Neben dem ihm bekannten und akzeptierten technischen Umstand, dass seine Verlinkung ins Leere geht, wenn das Foto an der Quelle gelöscht wird, kann es sich bei der Verlinkung um eine *öffentliche Wiedergabe* handeln, § 15 Abs. 2 UrhG.

2.5 Die öffentliche Wiedergabe, zum Beispiel mittels Framing

Die öffentliche Wiedergabe umfasst *sämtliche unkörperliche Verwertungshandlungen*, die nicht ausdrücklich im Urhebergesetz aufgezählt werden, also insbesondere nicht unter das Recht der öffentlichen Zugänglichmachung fallen.

Gegenstand der Rechtsprechung war hier zuletzt insbesondere das oben bereits beschriebene Framing (Embedded Content), also das Einbinden fremder Inhalte auf der eigenen Internetseite mittels eines Frames ohne Speicherung.

Die Einbindung eines Fotos mittels Framing stellt dann keine öffentliche Wiedergabe dar und erfordert nicht die Zustimmung des Fotografen, wenn der Inhalt *keinem neuen Publikum* zugänglich gemacht wird (EuGH, Urteil vom 21.10.2014 – C-348/13 – BestWater; EuGH, Urteil vom 13.2.2014 – Az. C-466/12 – Svensson).

Beispiel

Ein Foto, das nur in einem durch ein Login geschützten Bereich abrufbar war, wird dann öffentlich wiedergegeben und erfordert dann die Einwilligung des Urhebers, wenn es im Wege der vorgenommenen Verlinkung plötzlich für alle Internetnutzer frei zugänglich gemacht wird.

Weiter darf *kein technisch anderes Verfahren Anwendung* gefunden haben, um ein neues Publikum zu erschließen (Download statt Streaming).

Schließlich muss der Inhalt mit der *Erlaubnis des Rechteinhabers* seinen Weg ins Internet gefunden haben.

Beispiel

Es wird auf ein Foto verlinkt, das der Rechteinhaber selbst überhaupt (noch) nicht öffentlich zugänglich gemacht hat, sondern dies z.B. erst noch plante.

Vorsicht

Das Verlinken auf ein urheberrechtswidrig im Internet befindliches Foto stellt eine Urheberrechtsverletzung in Form einer unberechtigten öffentlichen Wiedergabe dar, wenn die Verlinkung mit Gewinnerzielungsabsicht erfolgte und die Vermutung der Kenntnis der Rechtswidrigkeit nicht entkräftet werden kann (EuGH, Urteil vom 8.9.2016 – Az. C- 160/15).

Zusammenfassend lässt sich festhalten, dass die Verlinkung auf ein fremdes Foto ohne die Zustimmung des Fotografen dann zulässig ist und keine öffentliche Wiedergabe darstellt, wenn:

▸ das Foto *nicht gespeichert* wird **und**

▸ das Foto auf der Internetseite des Fotografen oder auf der Webseite, die es abbildet, *frei zugänglich* ist **und**

▸ der Verlinkende das Foto *nicht verändert* **und**

▸ bei Linksetzung *mit Gewinnerzielungsabsicht* (also bei jeder kommerziellen Nutzungsform) das verlinkte Foto sich *nicht rechtswidrig im Internet* befindet (also z.B. ohne die Zustimmung des Urhebers).

Die Voraussetzung, dass nur auf solche Inhalte erlaubnisfrei verlinkt werden darf, die nicht rechtswidrig im Internet abrufbar sind, ist heftig umstritten, denn dies herauszufinden ist für den Verlinkenden praktisch unmöglich und widerspricht der referenziellen Natur des Internets.

Die Rechtsprechung verlangt von dem Verlinkendem, wenn er mit Gewinnerzielungsabsicht handelt, dass er die erforderlichen Nachprüfungen vornimmt, um sich zu vergewissern, dass das betroffene Foto auf der

Website, zu der die Links führen, nicht unbefugt veröffentlicht wurde. Handelt jemand mit Gewinnerzielungsabsicht, so wird vermutet, dass er eine etwaige urheberrechtswidrige Veröffentlichung kannte. Diese Vermutung müsste in einem Gerichtsverfahren dann erst entkräftet werden. Zuletzt hat die Rechtsprechung die Haftung für den Link auf einen rechtswidrigen Inhalt dann verneint, wenn der Verlinkende darlegen kann, dass ihm die Nachforschungen, die zur Kenntnis von der Unrechtmäßigkeit der verlinkten Inhalte geführt hätten, nicht *zumutbar* waren (LG Hamburg, Urteil vom 13.6.2017 – 310 O 117/17).

Vorsicht
Bis sich hier eine praxisfreundliche Rechtsprechung durchsetzt oder, besser, der Gesetzgeber den Fall der Verlinkung regelt, ist bei der Verlinkung auf fremde Inhalte höchste Vorsicht geboten.

Die Pflicht zur Urhebernennung (siehe hierzu Abschnitt 2.7) verbleibt aber auch im Fall der zulässigen Verlinkung, also wenn keine öffentliche Wiedergabe vorliegt, egal ob mit Gewinnerzielungsabsicht oder ohne, denn der Urheber hat in jedem Fall das Recht, seinem Werk zugeordnet zu werden.

2.6 Das Recht zur Vervielfältigung des Fotos

Das Vervielfältigungsrecht nach § 16 UrhG muss sich der Fotoverwender einräumen lassen, um Kopien des Fotos herstellen zu dürfen.

Vervielfältigung ist jede körperliche Festlegung, die geeignet ist, das Foto den menschlichen Sinnen auf irgendeine Weise unmittelbar oder mittelbar wahrnehmbar zu machen.

In der digitalen Welt sind Vervielfältigungen z.B. das Speichern eines Fotos auf einer CD, DVD oder Blu-ray Disc, auf einer lokalen Festplatte oder einem USB-Stick.

In der Online-Welt ist Vervielfältigung jede Form der Datenspeicherung. Auch die nur vorübergehende Zwischenspeicherung im Arbeitsspeicher eines Computers stellt eine Vervielfältigung dar.

Wird das Foto auf dem eigenen Server, der Internetseite oder im Auftrag des Verwenders von einem Dritten gehostet, so liegt eine Vervielfältigung vor und der Verwender muss sich dieses Recht ausdrücklich einräumen lassen.

Tipp
Ist die Vervielfältigung nur notwendige Vorbereitungshandlung der öffentlichen Zugänglichmachung, was den Regelfall bilden wird, also z.B. bei der Abbildung eines Fotos auf einer Webseite, so muss sie nicht eigenständig lizenziert werden.

Nur wenn außerhalb dieser Nutzungsform weitere davon unabhängige Vervielfältigungen geplant sind, muss das Vervielfältigungsrecht (und gegebenenfalls noch weitere Rechte, wie das Verbreitungsrecht) ausdrücklich eingeholt werden.

So zum Beispiel, wenn das Foto zusätzlich in einem Print-Flyer oder Ähnlichem genutzt werden soll.

2.7   Pflicht zur Nennung des Fotografen

Ihre Pflichten als Fotoverwender enden jedoch nicht mit der Einholung einer Lizenz, also der Nutzungsrechte an dem Foto. Vielmehr haben Sie als Fotoverwender stets auch die Urheberpersönlichkeitsrechte des Urhebers im Rahmen der Verwendung des Fotos zu beachten. Das wohl wichtigste Urheberpersönlichkeitsrecht mit der höchsten praktischen Relevanz ist das Recht der Anerkennung der Urheberschaft nach § 13 UrhG.

Wichtig
Der Fotograf allein hat das Recht zu bestimmen, *ob* und *wie* er als Urheber seines Fotos genannt wird.

Macht der Urheber Vorgaben dazu, ob er als Urheber genannt werden will, so müssen Sie sich hieran in jedem Fall halten. Aber auch wenn es hierzu keine ausdrückliche Regelung im Lizenzvertrag gibt, müssen Sie den Fotografen als Urheber stets nennen.

Vorsicht
Findet sich zu der Urhebernennung im Lizenzvertrag über das Foto keine Regelung, so ist der Fotograf im Zweifel als Urheber zu benennen. Es gibt bisher keine von der Rechtsprechung durchgängig akzeptierte »Praxis« oder »Sitte«, dass der Urheber ausnahmsweise nicht zu nennen sei.

Häufig werden Sie als kommerzieller Fotoverwender kein Interesse daran haben, dass der Urheber genannt wird, z.B. bei Produktfotografien in einem Online-Shop oder im Rahmen einer Werbekampagne, insbesondere wenn dies nicht in das Designkonzept der Internetseite passt. In diesem Fall kann und muss dies mit dem Fotografen als Urheber ausdrücklich vertraglich vereinbart werden.

Zwar kann der Urheber streng genommen vertraglich auf das Recht der Urhebernennung nicht so einfach verzichten, weil es sich um ein Urheberpersönlichkeitsrecht handelt, das untrennbar mit seiner Person verknüpft ist. Er kann sich aber Ihnen gegenüber wirksam dazu verpflichten, keine Ansprüche aus dem Recht zur Urhebernennung gegen Sie geltend zu machen.

Tipp

Um später keine böse Überraschung zu erleben, ist in Lizenzverträgen deshalb Vorsicht bei der Klausel geboten, dass der Urheber auf sein Recht zur Urhebernennung »verzichtet«. Vielmehr sollte formuliert werden, dass der Urheber aus diesem Recht keine Ansprüche gegen den Lizenznehmer herleiten wird.

Der Urheber bestimmt auch das *Wie* seiner Nennung. Er kann hier beispielsweise seinen wirklichen Namen, ein Pseudonym oder lediglich ein Zeichen festlegen.

Die Urhebernennung hat *am Werk* zu erfolgen. Existiert keine klare Regelung über den Ort der Urhebernennung, was die Regel sein dürfte, bestimmt sich die Ausgestaltung im Einzelfall nach *den Verkehrsgepflogenheiten/der Branchenübung.*

Beispiel

Im klassischen Printbereich hat sich hierzu über die Jahre eine recht eindeutige Branchenübung etabliert. Beim Abdruck von Fotos ist der Urheber so z.B. regelmäßig bei der Abbildung und nicht lediglich in einem Verzeichnis des Druckwerks zu nennen (LG Düsseldorf, Urteil vom 14.7.1992 – 12 O 353/91).

Online gibt es diese Rechtssicherheit für Fotos bisher noch nicht.

Beispiel

Hier gab es zuletzt juristische Verirrungen wie das Pixelio-Urteil des LG Köln, in dem das Gericht eine Nennung des Urhebers für jede Verwendung auf einer Internetseite, also auch als Vorschaubild oder bei der Direkteingabe der URL, annahm. In der Berufungsinstanz wurde dieser Irrweg jedoch korrigiert (LG Köln, Urteil vom 30.1.2014 – 14 O 427/13).

Eine Urhebernennung unmittelbar bei jeder Verwendung eines Fotos auf einer Unterseite, also z.B. auch bei einer Direkteingabe der Foto-URL ist demnach nicht erforderlich.

Wichtig
Der Urheberhinweis muss so erfolgen, dass er eine *eindeutige Zuordnung* des Urhebers zu seinem Werk zulässt. Das Foto muss also dem Fotografen als seinem Urheber auf der Internetseite klar zuordenbar sein.

Die sicherste Form der Zuordnung ist die Nennung des Urhebers direkt am Foto, also z.B. direkt darunter.

Oder im Foto, wie das folgende Beispiel zeigt:

(c) Marie Slowioczek-Mannsfeld

Gegen den Urheberhinweis direkt in dem Foto könnte neben optischen Erwägungen aber auch das Verbot der Entstellung (siehe hierzu Abschnitt 2.1.1) sprechen, denn auch kleinste Veränderungen eines Fotos können als Entstellung angesehen werden.

Eine eindeutige Zuordnung kann aber auch anhand eines eigenen Unterverzeichnisses auf der jeweiligen Internetseite erfolgen, z.B. unter dem Namen »Fotourheber« oder »Urheberhinweise«, aber auch im Impressum, wenn dieses gut aufzufinden ist und eine eindeutige Zuordnung des Urhebers zu seinem Werk ermöglicht, also z.B. den Namen des Fotos oder eine Beschreibung enthält.

Tipp
Wenn optische Bedenken gegen eine Nennung des Urhebers im oder am Foto selbst sprechen, können Sie den oder die Urheber auch *im Impressum oder auf einer Unterseite* als Urheber nennen, *wenn eine eindeutige Zuordnung sichergestellt ist.*

Beispiel

Eine Nennung des Urhebers per Mouse-over, also dass der Name des Urhebers nur erscheint, wenn man mit dem Mauszeiger über das Foto geht, reicht jedoch nicht aus (LG München, Urteil vom 31.10.2015 – 6 U 60/14). Zum einen handelt es sich nicht um eine dauerhafte Nennung am Werk und zum anderen wird ein Mouse-over auf diversen mobilen Endgeräten überhaupt nicht angezeigt.

Fazit

Wenn Sie Fotos im Internet verwenden möchten, benötigen Sie das Recht der öffentlichen Zugänglichmachung. Gleichzeitig müssen Sie die Urheberpersönlichkeitsrechte des Fotografen respektieren und beachten, unabhängig davon, ob die Fotos über eine Agentur erworben wurden, also über einen Dritten, oder direkt vom Fotografen stammen.

Existiert keine klare Regelung, dass der Fotograf nicht genannt werden muss, so ist er stets zu nennen, und zwar so, dass er seinem Foto klar als Urheber zugeordnet werden kann. Hat der Fotograf sich keine besondere Form der Nennung, also etwa eines Künstlernamens vorbehalten, so ist er mit seinem bürgerlichen Namen zu nennen.

Kapitel 3

Ich will das Foto auch bearbeiten dürfen

Die Verwendung eines Fotos im Internet erfordert es häufig, dass dieses dem konkreten Verwendungszweck angepasst wird, also z.B. die Auflösung verringert, die Farben angepasst oder nur ein Ausschnitt verwendet werden. Bei diesen zum Teil inhaltlichen, zum Teil technischen Änderungen spricht man von Bearbeitungen. Hierfür benötigt der Fotoverwender das sog. *Bearbeitungsrecht* vom Rechteinhaber.

Aus rechtlicher Sicht wird das Werk des Fotografen vor zwei unterschiedlichen Arten von Bearbeitungen geschützt:

1. Schutz vor jeglicher Bearbeitung des Fotos, sei sie noch so geringfügig.
2. Schutz vor Entstellung und Beeinträchtigung des Fotos.

Im Folgenden werden beide Arten von Schutz separat erläutert, damit Sie verstehen, inwiefern sich beides aus der Sicht des Fotografen unterscheidet.

3.1   Schutz vor Bearbeitungen des Fotos

Das Bearbeitungsrecht liegt rechtsdogmatisch gesehen auf der Schnittstelle zwischen Urheberpersönlichkeits- und Verwertungsrecht, denn es schützt einerseits den Urheber vor einer Veröffentlichung seines Werks in einer Form, die er nicht gestattet hat, und soll andererseits dem Verwender die Möglichkeit einräumen, das Werk für seine Zwecke entsprechend anzupassen, § 23 UrhG. Man spricht hier auch von der unfreien Bearbeitung.

Von der hier behandelten (unfreien) Bearbeitung, also der, die der Zustimmung des Urhebers für die Veröffentlichung bedarf, wird die sog. *freie Benutzung* abgegrenzt, bei der Sie als Verwender nicht die Zustimmung des Urhebers benötigen (siehe hierzu Abschnitt 3.4).

Schon *einfache Änderungen* eines Fotos, bedürfen als sog. *andere Umgestaltungen* für ihre Veröffentlichung oder Verwertung unter Umständen der Einwilligung des Urhebers. Das Urheberrecht schützt hier das Interesse des Urhebers, damit keine Werke mit, wenn auch nur unwesentlichen, Änderungen, als Quasi-Kopien der Öffentlichkeit präsentiert werden.

Vorsicht
Als Fotoverwender ist man selbst bei kleinen Änderungen eines Fotos sehr schnell im Bereich der zustimmungspflichtigen Fotobearbeitung, wenn das bearbeitete Foto später veröffentlicht werden soll. Eine entsprechend klare rechtliche Regelung, inwieweit der Fotoverwender das Foto bearbeiten darf, ist sehr zu empfehlen.

Das Recht der Bearbeitung spielt insbesondere bei der digitalen Bildbearbeitung und bei Fotomontagen eine große Rolle.

Einwilligungsbedürftige Veränderungen, also *Bearbeitungen*, liegen bereits bei geringfügigen Änderungen vor wie z.b.:

- ▸ von einem Foto wird nur ein Ausschnitt benutzt
- ▸ ein Farbfoto wird lediglich schwarz-weiß veröffentlicht
- ▸ eine Nachkolorierung eines Fotos
- ▸ allgemein bei Farb- oder Kontrastveränderungen
- ▸ verkleinerte und in ihrer Pixelanzahl reduzierte Miniaturansichten (sog. Thumbnails)
- ▸ Photoshop-Veränderungen

Besonders weitgehende Veränderungen können zudem eine Beeinträchtigung oder *Entstellung* des Ausgangswerks darstellen (siehe Abschnitt 3.2).

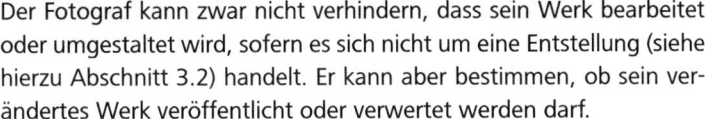

Hinweis

Der Fotograf kann zwar nicht verhindern, dass sein Werk bearbeitet oder umgestaltet wird, sofern es sich nicht um eine Entstellung (siehe hierzu Abschnitt 3.2) handelt. Er kann aber bestimmen, ob sein verändertes Werk veröffentlicht oder verwertet werden darf.

Unfreie Bearbeitungen eines Werks sind – neben den oben beschriebenen geringfügigen Veränderungen – insbesondere solche *Veränderungen*, die das Ausgangswerk so grundlegend verändern, dass das geänderte Foto selbst eine erforderliche Schöpfungshöhe erreicht, um urheberrechtlich geschützt zu sein. Die Überarbeitung eines Fotos erreicht eine Schöpfungshöhe dann, wenn durch die Überarbeitung eine neue individuelle Betrachtungsweise und eine neue künstlerische Aussage im Vergleich zum ursprünglichen Foto entsteht.

Auch diese bearbeitete Version bedarf, wenn der Bearbeiter sie verwerten will, für ihre Veröffentlichung der Einwilligung des Urhebers der Ausgangsfotografie.

Beispiel

Eine aufwendige digitale und grafische Überarbeitung eines Fotos oder Photoshop-Veränderungen können eine solche schöpferische Bearbeitung darstellen.

Beispiel

Auch eine Romanfigur, z.B. Pippi Langstrumpf, kann als Charakter urheberrechtlichen Schutz genießen. Dessen werbliche
Abbildung zum Verkauf eines Kostüms kann dann eine unzulässige Bearbeitung darstellen (BGH, Urteil vom 17.7.2013 –
I ZR 52/12 – Pippi-Langstrumpf-Kostüm).

Beispiel

Als ebenfalls unzulässige Bearbeitung wurde z.B. ein Motiv
einer Wandtapete angesehen, das aus einem Foto erstellt
wurde (LG Hamburg, Urteil vom 26.11.2014 – 310 O 314/14).

Abb. 3.1: Original

Abb. 3.2: Unzulässige Bearbeitung

In diesem Verfahren hatte die dortige Klägerin aus einem Foto, an dem ihr die ausschließlichen Nutzungsrechte eingeräumt worden waren, durch einen Designer eine Wandtapete (in Abbildung 3.1 das »Original«) entwerfen lassen. Die Beklagte hatte dann Abbildung 3.2 als eigene Wandtapete auch über das Internet zum Kauf angeboten. Das Gericht kam zu der Auffassung, dass das untere der zwei Motive nahezu sämtliche die Individualität des Originals begründenden Gestaltungsmerkmale aufweise. Etwaige Unterschiede fielen dagegen nicht ins Gewicht. Es handelte sich nach Auffassung des Gerichts also um eine nicht genehmigte Bearbeitung.

3.2   Schutz vor Beeinträchtigungen des Fotos

Vorsicht ist geboten bei besonders starken Veränderungen des Fotos selbst, aber auch bei Verwendungsformen, die das Foto in einen besonderen Kontext darstellen.

Ist die vorstehend beschriebene Bearbeitung besonders weitgehend, kann unter Umständen sogar eine Beeinträchtigung vorliegen, die auch mit höheren Schadensersatzforderungen des Urhebers einhergehen kann. Aus Sicht des Urhebers stellt die Beeinträchtigung eine besonders schlimme Form der Bearbeitung dar, denn hierbei wird sein Werk verfremdet und dessen Charakter erheblich verfälscht.

Anders als das Bearbeitungsrecht, das verhindern soll, dass andere dem Originalwerk ähnliche Werke der Öffentlichkeit präsentiert werden, dient der Schutz vor Beeinträchtigungen dem konkreten Werk in seiner Wirkungsweise. Der Fotograf kann sich gegen die *Entstellung* oder eine *andere Beeinträchtigung* seines Werks wehren, § 14 UrhG.

Der Schutz vor *Entstellung* ist Ausdruck der persönlichen Beziehung des Urhebers zu seinem Werk. Niemand soll sich ein verändertes Werk unterschieben lassen müssen. Es kommt deshalb auch nicht darauf an, ob das Werk durch die *Entstellung* besser oder schlechter geworden ist.

Die Entstellung bildet die schwerste Form der Beeinträchtigung eines Werks. Es erfolgt eine so starke Veränderung, dass der Charakter des Werks verändert wird. Das Foto wird durch die Entstellung so verändert, dass es verstümmelt oder verfälscht wird.

Beispiel

Fotos können bereits dadurch entstellt werden, dass nur ein Ausschnitt des Fotos veröffentlicht wird oder Retuschen angefertigt werden, bei der die Farben oder Lichtverhältnisse verändert werden.

Abb. 3.3: *Originalfoto*

Abb. 3.4: *Entstellung, so der BGH, Urteil vom 28.07.2016 – I ZR 9/15 –*
»auf fett getrimmt«

Aber auch jede andere Beeinträchtigung des Werks ist nicht erlaubt. Eine *Beeinträchtigung* in diesem Sinn liegt vor, wenn die Wirkung des Fotos gehemmt, behindert oder eingeschränkt wird, ohne dass es zwingend zu einer Entstellung gekommen sein muss.

Jede objektiv nachweisbare Änderung von der vom Fotografen gewollten Gesamtwirkung des Fotos kann eine Beeinträchtigung darstellen. Zwischen den Begriffen Entstellung und anderer Beeinträchtigung wird nicht immer klar unterschieden, sodass nachfolgend beide Begriffe zusammenfassend nur noch als Entstellung bezeichnet werden.

Der Urheber kann sich allerdings nur gegen veröffentlichte Bearbeitungen seines Fotos wehren. Die Veränderung des Fotos im *privaten Raum* ist weder eine Entstellung noch eine Beeinträchtigung im Sinne des Urheberrechts.

Vorsicht

Insbesondere im Hinblick auf die vielfältigen Möglichkeiten im Bereich der *digitalen Bildbearbeitung* ist Vorsicht geboten. Es gilt hierbei stets darauf zu achten, dass der künstlerische Gesamteindruck des Fotos nicht verändert wird

Eine unzulässige Entstellung wird z.B. dann anzunehmen sein,

▸ wenn lediglich ein Ausschnitt aus einem Foto verwendet wird und dadurch der Charakter des Originalbildes gänzlich verändert wird;

▸ bei Retuschen, bei denen die Farben oder Lichtverhältnisse stark verändert werden.

Beispiel

Eine Entstellung liegt etwa vor, wenn von einem künstlerischen Porträtfoto eines kleinen Mädchens lediglich die Augenpartie verwendet wurde (BGH, Urteil vom 5.3.1971 – I ZR 94/69).

Aber nicht nur Veränderungen des Fotos selbst können problematisch sein. Auch die konkrete Verwendungsart des Fotos sollte geprüft werden.

Vorsicht

Die Entstellung muss nicht unbedingt in einer Änderung des Werks selbst liegen. Sie kann auch in dem Kontext bestehen, in dem das Foto dargestellt wird. So kann eine Entstellung sogar dann vorliegen, wenn das Werk selbst überhaupt nicht verändert wird!

Eine Entstellung durch eine Veränderung des Kontextes eines Fotos liegt z.B. dann vor, wenn

- ein künstlerisches Foto für Werbezwecke eingesetzt wird
- ein Foto als Teil einer Collage in sinnverändernder Art und Weise einzeln dargestellt wird
- ein Foto in einem von einem anderen Künstler bemalten Rahmen angeboten wird und dies als Gesamtkunstwerk erscheint.

3.3　Bearbeitungsrecht sicherstellen

In jedem Fall sollten Sie im Rahmen des Vertrages über die Einräumung der Nutzungsrechte an dem Foto auch eine Regelung zur Bearbeitung aufnehmen, die den Rahmen der zulässigen Veränderung des Fotos klar umschreibt. Dies auch, wenn nicht zwingend jede Veränderung eines Fotos verboten ist.

Allerdings muss der Fotograf solche Fotoveränderungen dulden, die für die vertraglich vereinbarte Verwertung des Fotos erforderlich oder allgemein üblich und unwesentlich sind, selbst wenn der Nutzungsvertrag keine Erlaubnis zur Änderung des Fotos regelt.

Auch ohne ausdrückliche vertragliche Regelung sind daher regelmäßig zulässig: Anpassungen im Format und Auflösung, die mit dem konkreten Medium einhergehen, in denen die vereinbarte Veröffentlichung erfolgt.

Was der Fotograf an Veränderungen an seinem Foto im Einzelnen zulassen muss, hängt jedoch stark davon ab, um was für eine Art der Fotografie es sich handelt.

Eine Auftragsarbeit für eine Produktwerbung in einem Online-Shop darf z.B. stärker ohne Zustimmung des Fotografen verändert werden als ein im rein künstlerischen Interesse erstelltes Foto.

Tipp
Auch wenn der Fotograf Änderungen, die eine Nutzung des Fotos im Rahmen der eingeräumten Nutzungsrechte nach dem Gesetz nicht wider Treu und Glauben verweigern darf, empfiehlt es sich, eine klare vertragliche Regelung über das Bearbeitungsrecht zu vereinbaren.

So könnte etwa formuliert werden:

Musterklausel

»Der Lizenznehmer ist berechtigt, das Foto, unter Beachtung der Grenzen des § 14 UrhG, zum Zwecke der vertragsmäßigen Verwertung, insbesondere im Rahmen der Formatanpassung und der Anpassung ans Layout, zu bearbeiten und umzugestalten. Der Fotograf erteilt bereits jetzt seine Einwilligung in die Veröffentlichung und Verwertung des insofern etwaig veränderten Fotos (§ 23 UrhG).«

Fazit

Vorsicht ist geboten, wenn das erworbene Foto verändert, also auf irgendeine Art und Weise bearbeitet werden soll. Auch dieses Recht sollten Sie sich so klar umrissen und so weitreichend wie möglich einräumen lassen.

3.4   Noch Inspiration oder schon Kopie – die freie Benutzung und der Motivschutz

Es kann vorkommen, dass man ein schönes Foto entdeckt hat, die Rechte hieran aber nicht erwerben kann oder will, weil diese z.B. zu teuer sind oder der Urheber unbekannt ist. Dürfen Sie in diesem Fall das Foto als Inspiration verwenden oder dieses sogar mit eigenen Mitteln nachstellen?

Ein fremdes Foto ist lediglich dann eine zulässige Inspirationsquelle, wenn es sich bei dem neuen Foto um eine sog. *freie Benutzung* handelt.

Handelt es sich um ein im Wege der freien Benutzung entstandenes – neues – Foto, so bedarf es für dessen Verwertung nicht der Zustimmung des Urhebers, § 24 UrhG. Die freie Benutzung ist insbesondere zu unterscheiden von der unfreien Bearbeitung (siehe hierzu Abschnitt 3.1).

Eine freie Benutzung liegt vor, wenn das neue Werk gegenüber dem Werk, das als Inspirationsquelle oder Vorlage gedient hat, *selbstständig* ist. Maßgebend hierfür ist der *Abstand*, den das neue Werk zu den *entlehnten eigenpersönlichen Zügen* des benutzten Werks hält. Eine freie Benutzung setzt voraus, dass angesichts der Eigenart des neuen Werks die entlehnten eigenpersönlichen Züge des geschützten älteren Werks *verblassen*, also für den Betrachter erkennbar ein neuer Ansatz, eine neue eigene Idee mit dem Foto verfolgt wird.

Wichtig
Von einer freien Benutzung kann nur dann gesprochen werden, wenn die eigenschöpferischen und prägenden Elemente des Werks, das als Inspirationsquelle gedient hat, nicht als Vorbild oder Werkvorlage erscheinen, sondern eben lediglich als bloße Inspiration wahrgenommen werden.

Es lässt sich also sagen, dass die freie Benutzung die Inspiration gestattet, nicht jedoch das simple Plagiat.

Ob eine unfreie Bearbeitung, bei der die Veröffentlichung des bearbeiteten Werks die Zustimmung des Urhebers erfordert, oder eine freie Benutzung vorliegt, die zustimmungsfrei erfolgen kann, erfordert einen *Vergleich* des Originals mit dem nachgeschaffenen Foto.

Wichtig
Bei dem vorzunehmenden Vergleich kommt es allein auf die *Übereinstimmungen* und nicht auf die Unterschiede zwischen den Fotos an.

Hier spielt sogar einmal die Unterscheidung zwischen dem einfachen Lichtbild, also jeder beliebige Schnappschuss, und dem Lichtbildwerk, die künstlerisch schöpferisch geschaffene Fotografie (siehe hierzu in Kapitel 1) eine praktische Rolle, denn das Lichtbild gewährt Schutz gegen die Übernahme nicht in dem Umfang wie das Lichtbildwerk.

Fazit
Freie Benutzung bedeutet, dass das Originalwerk nur als Inspiration gedient hat und hinter dem neu geschaffenen Werk verblasst. In diesem Fall bedarf die Verwendung des nachstellenden Fotos keiner Rechteinräumung durch den Urheber des Originals.

Hiervon unterscheidet sich die unfreie Bearbeitung. Hier weisen das Original und dessen Nachstellung noch solch eine optische Nähe im Hinblick auf die sie prägenden Elemente auf, dass für die Verwendung des nachgestellten Fotos, also der Bearbeitung, die Zustimmung des Urhebers des Originals erforderlich ist. Die Abgrenzung von unfreier Bearbeitung zur freien Benutzung ist eine schwierige Frage des Einzelfalls und sollte einem spezialisierten Rechtsanwalt überlassen werden.

3.4.1   Sonderfall: Motivschutz

Einen Sonderfall der Nachstellung, also im Grenzbereich zwischen unfreier Bearbeitung und freier Benutzung, bildet die Frage des *Motivschutzes*.

Darf ich das Motiv eines Fotos, das mir besonders gut gefällt, nachstellen, anstatt mir von dem Fotografen das Foto selbst lizenzieren zu lassen?

Beispiel

Eine Werbeagentur überreicht im Rahmen eines Pitches ein Werbekonzept für ein Produkt, das auch ein besonders schön gestaltetes Foto beinhaltet. Dem Unternehmen gefällt jedoch nur das Foto. Kann es mithilfe eines anderen Fotografen das Foto nachstellen und verwenden?

Dem Grunde nach erst einmal ja, denn das deutsche Urheberrecht kennt weder einen Motivschutz noch den Schutz der bloßen Idee.

Hinweis
Motiv, Stil, Manier, Vorgehensweise oder Einsatz einer bestimmten fotografischen Technik sind nach dem UrhG grundsätzlich nicht geschützt (OLG Hamburg, Urteil vom 29.6.1995 – 3 U 302/94).

Schutz erlangt nach dem Urheberrecht stets nur das verkörperte Werk selbst, also das konkrete Foto. Aber selbst eine zum Werkinhalt gewordene Idee ist nicht geschützt, wenn sie zum *Gemeingut* gehört. Kein Fotograf kann etwa Naturereignisse wie Sonnaufgänge monopolisieren.

Aber auch ein Fotokonzept , etwa eines »ready mades«, z.B. die in diversen Fotos wiederkehrende »rote Couch« des Künstlers Horst Wackerbath, ist nicht geschützt. Dass eine rote Couch im Foto arrangiert wird, kann niemand untersagen.

Einen Motivschutz als solchen gibt es also nicht. Das einzelne Foto kann jedoch Elemente aufweisen, die eine Nachstellung als unfreie Bearbeitung erscheinen lassen. Die Voraussetzungen hierfür sind jedoch hoch und die Gerichte sehr zurückhaltend mit der Gewährung von Motivschutz.

Für die Abgrenzung zwischen unfreier Bearbeitung und freier Benutzung, also der Frage, ob die spätere Veröffentlichung die Zustimmung des Urhebers des Originals bedarf oder nicht, kommt es maßgeblich darauf an, welche Elemente der Originalfotografie übernommen wurden und ob diese geschützt sind. Wie bereits ausgeführt, dürfen gemeinfreie Elemente aus einem Lichtbildwerk stets übernommen werden. Hierzu zählt regelmäßig eben die Wahl eines bestimmten Motivs oder einer bestimmten Perspektive sowie der Einsatz einer bestimmten fotografischen Technik.

Die Grenze der freien Benutzung kann jedoch bei der Fotografie dort erreicht sein, wo die Auswahl des Motivs, des Bildausschnitts sowie der Perspektive besonders ungewöhnlich ist.

Beispiele

Das Gleiche gilt für die Übernahme besonders prägender stilistischer Elemente wie Licht und Schatten, Kontrastgebung, Bildschärfe, Überschneidungen und Überblendungen, der Wahl des richtigen Moments bei Bewegungsabläufen oder Porträts unter Verwendung von Filtern und besonderen Linsen, der Retusche oder Fotomontagen.

Hinweis

Je eigentümlicher sich die Originalfotografie darstellt und je weniger sie auf bekannte Gestaltungsformen zurückgreift, desto weiter reicht ihr Schutzbereich.

Je geringer also der Einfluss ist, den der Fotograf auf die bildliche Fixierung seines Motivs ausübt, weil er es z.B. nicht besonders arrangiert hat, sondern es mehr oder weniger unverändert abbildet, wie dies bei Gebäuden und fest mit dem Grund verankerten Objekten häufig der Fall sein wird, so geringer ist der Schutz des Fotos gegen eine Nachstellung und desto eher darf ein solches Foto nachgestellt werden.

Eines der wenigen Beispiele eines gewährten Motivschutzes bei einem feststehenden Motiv war ein Foto des Freiburger Münsters im Original von Karl-Heinz Raach. Das Gericht (LG Mannheim, Urteil vom 14.7.2006 – 7 S 2/03) war der Auffassung, dass zwar für den Betrachter erkennbar sei, dass es sich bei dem rechten Foto in Abbildung 3.5 um keine bloße Kopie handele, denn es weise z.B. eine deutlichere Färbung des Himmels auf.

Der Abstand der beiden Fotos sei jedoch zu gering, um in den Bereich der freien Bearbeitung zu gelangen. Denn das rechte Foto verwende sämtliche Gestaltungselemente des linken (Original-)Bildes, die dessen Schutzfähigkeit als Lichtbildwerk begründen. Hierzu gehöre die charakteristische Verwendung des Gegenlichts, die Architektur und Personen eine silhouettenhafte Gestalt verleiht. Hierzu gehöre weiter die vom Standort des Fotografierenden aus gewählte Brennweite, die zu einer diagonalen Anordnung des Stegs führt. Hierzu gehört schließlich, dass sich das charakteristische Abendlicht im Steg spiegelt und somit der Steg als dynamischer Kontrast zur statischen Silhouette von Münster und der auf dem Steg befindlichen Personen fungiert, die letztlich das Bild abrunden. Auch wenn es das Gericht nicht ausdrücklich erwähnte, so war wohl insbesondere das dargestellte Paar ein wichtiges Merkmal, weil es dem Foto die besondere Stimmung (mit-)verleiht.

Beispiel

Abb. 3.5: Links das Original, rechts das nachgestellte Foto

Beispiel

Auch im Fall des »TV-MAN«, eines bekannten Fotos, das den Hinterkopf eines kahlköpfigen Mannes vor einem TV-Gerät zeigt, bei dem die Antennen aus seinem Kopf zu wachsen scheinen und das eine Werbeagentur nachgestellt hatte, nahm das Gericht eine unfreie Benutzung an, da alle Gestaltungselemente, die den Gesamteindruck des Fotos prägen und seine schöpferische Leistung ausmachen, in dem nachgestellten Werbefoto übernommen worden sind (LG Düsseldorf, Urteil vom 8.3.2006 – 12 O 34/05).

Abb. 3.6: Original von Jan Jindra

Abb. 3.7: Bearbeitung der Werbeagentur. Abbildung im
Jahrbuch Bund freischaffender Fotodesigner 2004

3.4.2 Allgemeine Vorsicht bei der Nachstellung

Aber auch wenn eine freie Benutzung vorliegt, also wesentliche das Foto
prägende Stilelemente nicht übernommen wurden, kann der Fotograf
des Originalfotos im obigen Beispiel der Nachahmung/Nachstellung
unter Umständen aus dem *Gesetz gegen den unlauteren Wettbewerb
(UWG)* gegen das Unternehmen vorgehen, das die Nachstellung verwendet, nämlich unter dem Gesichtspunkt der *Nachahmung* oder des *Vorla-
genmissbrauchs.* Hier muss jedoch neben die Nachahmung eines Fotos
mit einer gewissen werblichen Eigenart, also einem gewissen Wiederer-
kennungswert, zusätzlich ein *unlauteres Verhalten* des Nachahmers tre-
ten. Das kann z.B. darin bestehen, dass dieser die für die Nachahmung

erforderlichen Kenntnisse oder Unterlagen, also etwa die Details zum Blickwinkel, Aufnahmeposition und der Kameraeinstellung oder eben das Foto selbst, unter Missbrauch des Vertrauens des Fotografen oder unter Verletzung von Vertraulichkeitsvereinbarungen erlangt hat.

Fazit

Je bekannter ein Foto ist, desto größer ist die Versuchung beim Foto-verwender, sich teure Lizenzkosten zu sparen und durch Nachstellung des Fotos insgesamt oder des Motivs, z.B. die Werbewirkung des Fotos abzugreifen. Hier ist in jedem Fall Vorsicht geboten. Denn gerade je besonderer ein Foto und die damit einhergehende Werbewirkung ist, desto größer wird sein Schutz vor Nachahmung sein. Als Inspiration kann und darf jedoch jedes Foto dienen. Hierbei ist darauf zu achten, dass die fotoprägenden Gestaltungselemente wie Aufnahmeposition, Farbgebung, charakteristische Motivteile nicht 1:1 übernommen wer-den, sondern im Idealfall ein eigener neuer Ansatz verfolgt und auch verkörpert wird.

Kapitel 4

Was sollte vertraglich geregelt werden?

Der Fotograf kann Dritten an den Verwertungsrechten an seinem Foto sog. *Nutzungsrechte* einräumen. Ein Nutzungsrecht ist das vom Verwertungsrecht des Urhebers abgeleitete Recht, das Werk auf einzelne oder alle Nutzungsarten zu nutzen.

Als *Nutzungsart* wird jede nach der Verkehrsausfassung wirtschaftlich-technische selbstständige und abgrenzbare Art und Weise der Verwendung des Werks angesehen.

Die Einräumung der Rechte erfolgt mittels eines sog. *Lizenzvertrags*. Bei dessen Ausgestaltung sind die Parteien grundsätzlich frei.

Lässt man die Fotos im Rahmen einer Auftragsarbeit erst noch erstellen, bedarf es zusätzlich zu dem Lizenzvertrag auch noch eines *Werkvertrags* (hierzu Abschnitt 4.9).

4.1   Grundlagen des Lizenzvertrags

Auf den Lizenzvertrag finden neben den speziellen Regelungen des Urhebergesetzes die allgemeinen Regeln des Bürgerlichen Gesetzbuches (BGB) Anwendung.

Danach kommt ein Vertrag durch zwei übereinstimmende Willenserklärungen, nämlich Angebot und Annahme, zustande. Ein Vertrag kann auch mündlich geschlossen werden. Schriftform ist im Regelfall nicht notwendig. Das Gesetz verlangt die Schriftform nur für besondere, dann ausdrücklich genannte, Vertragsbeziehungen. Einen solchen Sonderfall beschreiben wir unten.

Deshalb sind aufeinander Bezug nehmende, die Vertragsdetails entsprechend regelnde E-Mails für einen wirksamen Vertrag ausreichend. Aber auch Absprachen in einem Telefonat können einen wirksamen Vertragsschluss darstellen. Hier stellen sich dann allenfalls für beide Seiten Beweisfragen, wenn die andere Partei danach nichts mehr von den Absprachen wissen will.

Vor dem Erwerb der Fotos, also dem Abschluss eines Lizenzvertrags mit dem Fotografen oder der Bildagentur, muss Ihnen klar sein, wofür, also für welchen konkreten Zweck, Sie die Fotos verwenden möchten.

Tipp
Je konkreter diese Vorstellungen hinsichtlich Art, Umfang und Dauer sind, desto genauer lassen sich die hierfür vom Urheber einzuholenden Rechte bestimmen und benennen und Streit in der Folge vermeiden.

Auch der Lizenzvertrag kann theoretisch mündlich geschlossen werden.

Vorsicht
Der Lizenzvertrag kann, sollte aber nie, nur mündlich geschlossen werden, denn die Beweislast, über welche Rechte Sie an den Fotos verfügen, tragen allein Sie als Verwender.

Die Ausgestaltung eines Lizenzvertrags hängt wesentlich davon ab, mit wem Sie den Lizenzvertrag abschließen, ob direkt mit dem Fotografen als Urheber oder mit einem Dritten als Rechteinhaber, z.B. einer Fotoagentur.

Um die Rechte für die Verwendung eines Fotos sicher zu regeln, ist für Sie als Fotoverwender stets die Dokumentation einer *lückenlosen Rechtekette* erforderlich.

Dies beinhaltet insbesondere, dass derjenige, der Ihnen die Rechte einräumt, Inhaber dieser Rechte ist, also entweder originär als Urheber (Fotograf) oder diese seinerseits vom Urheber erworben hat, und in dem eingeräumten Umfang überhaupt über diese verfügen kann.

Beispiel

Jemand, der selbst nur das Recht zur öffentlichen Zugänglichmachung eines Fotos zu redaktionellen Zwecken erworben hat, kann einem Dritten nicht das Recht zur werblichen Nutzung an diesem Foto einräumen.

Die ununterbrochene Rechtekette muss vom Fotografen als Urheber hin bis zu Ihnen als Fotoverwender und Lizenznehmer am Ende der Rechtekette reichen, denn es gibt *keinen sog. Gutglaubensschutz*, also ein Vertrauen auf den zugesicherten Bestand eines Rechts.

Vorsicht

Das bedeutet, dass Sie als Fotoverwender stets selbst überprüfen müssen, dass derjenige, der Ihnen Rechte an dem Foto einräumt, hierzu in dem erfolgten Umfang überhaupt in der Lage ist. Einen Vertrauensschutz gibt es hier nicht.

Wichtig

Sie können als Lizenznehmer und Fotoverwender selbstverständlich Nutzungsrechte und Rechte stets nur in dem Umfang einräumen, wie Sie selbst über diese Rechte überhaupt verfügen.

Erhalten Sie die Nutzungsrechte direkt vom Fotografen, etwa als Ergebnis einer Auftragsarbeit, ist die Rechtekette im Hinblick auf die Nutzungsrechte überschaubar und lückenlos. Stammt das Foto jedoch lediglich von einem Lizenznehmer, also nicht vom Urheber selbst, wird dem Fotoerwerber die Überprüfung der lückenlosen Rechtekette bis hin zum Urheber in der Praxis – jedenfalls mit wirtschaftlich und zeitlich vertretbarem Aufwand – kaum möglich sein. Dennoch wird von der Rechtsprechung nach wie vor verlangt, dass der Verwender entsprechende Überprüfungen vornimmt. Wenn Sie also das Foto und die Rechte daran nicht direkt vom Fotografen erworben haben, steigt das Risiko, dass die erforderliche Rechtekette nicht lückenlos ist und Sie aufgrund der Verwendung vom tatsächlichen Rechteinhaber wegen einer Rechtsverletzung in Anspruch genommen werden. Hier ist also besondere Sorgfalt bei der Rechteprüfung geboten.

Tipp

Der Nachweis der Urheberschaft bzw. der Rechteinhaberschaft kann z.B. anhand des Vorliegens der sog. RAW-Dateien (unbearbeitete Datei des Fotos – eine Art »digitales Negativ«) oder anhand einer Bilderserie, aus der das Foto stammt, geführt werden. Bei Personenfotos sollte man sich vom Fotografen/der Agentur entsprechende Einwilligungen der abgebildeten Personen (Model-Release) zeigen lassen (siehe Kapitel 8).

Kann oder will der Fotoverwender also die lückenlose Rechtekette, was in der Praxis der Regelfall sein dürfte, nicht nachprüfen, so bleibt ihm nur die Möglichkeit, zumindest sein wirtschaftliches Risiko im Verhältnis zu demjenigen zu verringern, der ihm die Rechte eingeräumt hat.

> ## Tipp
>
> Zum einen sollte eine *Rechtegarantie* in dem Lizenzvertrag vereinbart werden, in der der Lizenzgeber erklärt, dass er Inhaber der in dem Vertrag eingeräumten Rechte ist und zur Einräumung berechtigt ist. Zum anderen sollte eine *Haftungsfreistellung* aufgenommen werden, wonach der Lizenzgeber verpflichtet ist, den Lizenznehmer von den Ansprüchen Dritter freizustellen, die gegen ihn geltend gemacht werden, weil die eingeräumten Rechte nicht in dem garantierten Umfang bestehen.

Ein ausdrückliches *Schriftformgebot*, also die Unterschrift beider Parteien auf derselben Vertragsurkunde (Fax oder E-Mail genügt nicht), gibt es nur in Ausnahmefällen:

Zum einen, wenn ein Vertrag über *unbekannte Nutzungsarten* geschlossen werden soll.

Unbekannt sind alle Nutzungsmöglichkeiten, die zum Zeitpunkt des Vertragsschlusses noch nicht bekannt waren. Bekanntheit setzt sowohl eine technische Realisierbarkeit als auch eine zumindest potenziell wirtschaftliche Verwertbarkeit voraus.

Beispiel

Unbekannte Nutzungsarten waren beispielsweise:

- das Bereitstellen von Fotos auf Webseiten in Deutschland vor dem Jahr 1995
- der Online-Auftritt von Zeitungen im Jahr 1980
- Video-on-Demand Angebote vor dem Jahr 1995

Das Schriftformgebot greift nur, wenn ausdrücklich auch die Rechte für unbekannte Nutzungsarten eingeräumt werden. Pauschale Rechtseinräumungen erfassen unbekannte Nutzungsarten nicht ohne Weiteres. Der Urheber kann die Einräumung der unbekannten Nutzungsart nach Anzeige durch den Verwender, dass dieser beabsichtige, diese zu nutzen, *widerrufen*.

Zum anderen besteht ein Schriftformerfordernis bei Verträgen über *künftige Werke*, wenn diese überhaupt nicht näher oder nur der Gattung nach bestimmt sind.

Beispiel

Erhält ein Fotograf den Auftrag, ein Bergpanoramafoto zu erstellen, und will der Verwender hieran alle Nutzungsrechte erhalten, so bedarf es der Schriftform.

4.1.1   Beispielsklausel: Garantie- und Freistellung

Musterklausel

»Der Lizenzgeber garantiert, dass er allein berechtigt ist, über die in diesem Vertrag genannten Rechte an den Fotografien uneingeschränkt und frei von Rechten Dritter, insbesondere Urheberrechte Dritter, zu verfügen und über diese Rechte nicht bereits, weder ganz noch teilweise, verfügt hat bzw. verfügen wird.

Der Lizenzgeber garantiert, dass alle erforderlichen Einwilligungen der auf den Fotografien etwaig abgebildeten Personen für die Verwendung der Fotografien nach Maßgabe dieses Vertrages vorliegen und durch die vertragsgegenständlichen Fotografien keine Persönlichkeitsrechte oder sonstige Rechte Dritter verletzt werden.

Der Lizenzgeber stellt den Lizenznehmer insoweit von sämtlichen Ansprüchen Dritter, einschließlich der gesetzlichen Kosten der Rechtsverteidigung und der Rechtsverfolgung vollumfänglich frei, die aufgrund einer Verletzung der vorstehenden Garantien an den Lizenznehmer herangetragen werden.

Sofern der Lizenzgeber Anhaltspunkte für eine Gesetzesverletzung oder eine Verletzung der Rechte Dritter hat, wird er den Lizenznehmer hierüber unverzüglich unterrichten und ggf. die Fotografien in entsprechender Form anpassen und/oder den Lizenznehmer bei der Abwehr von Ansprüchen Dritter unterstützen. Die Kosten hierfür sind von dem Lizenzgeber zu tragen.«

Im Folgenden werden die unterschiedlichen für den Lizenzvertrag relevanten Arten von Nutzungsrechten erläutert, die für Ihren Bedarf relevant sind und in jedem Fall geregelt werden sollten.

4.2 Die vertraglichen Nutzungsrechte

Der Urheber verfügt also originär über sämtliche Verwertungsrechte an seinem Werk. Er kann aber Dritten *Nutzungsrechte* an seinem Werk einräumen und damit über die kommerzielle Verwertung seines Werks entscheiden, § 31 UrhG.

Grundsätzlich sieht das Urheberrecht vor, dass die Rechte an einem geschaffenen Werk bei dem Urheber verbleiben (siehe hierzu Abschnitt 4.2.5). Wenn Sie als Fotoverwender also ein Foto auf eine bestimmte Art und Weise nutzen wollen, so müssen Sie sich die hierfür erforderlichen Nutzungsrechte in dem hierfür gebotenen Umfang ausdrücklich einräumen lassen.

Vorsicht
Unklarheiten über den Umfang der eingeräumten Rechte gehen immer zu Ihren Lasten als Fotoverwender. Hier ist also Sorgfalt und Vorsicht geboten.

Das Gesetz unterscheidet bei der Rechteeinräumung zwischen den nachfolgendend dargestellten *Nutzungsrechten*.

4.2.1 Einfache und ausschließliche Nutzungsrechte

Zunächst lassen sich die Nutzungsrechte in einfache und ausschließliche Nutzungsrechte unterscheiden.

Das *einfache Nutzungsrecht* berechtigt den Inhaber, das Werk auf die erlaubte Art zu nutzen, ohne dass eine Nutzung durch andere ausgeschlossen ist. Der Urheber kann also mehreren Personen dieses Recht nebeneinander einräumen.

Der Inhaber eines einfachen Nutzungsrechts ist *nicht berechtigt, Unterlizenzen zu vergeben*, also Dritten weitere einfache Nutzungsrechte einzuräumen oder sein Nutzungsrecht ohne Zustimmung des Urhebers auf Dritte vollständig zu übertragen.

Das *ausschließliche Nutzungsrecht* berechtigt den Inhaber, das Werk unter Ausschluss aller anderen Personen, *einschließlich des Urhebers*, auf die ihm erlaubte Art zu nutzen. Es ist die am weitesten gehende Form der Rechteeinräumung, nicht selten kombiniert mit einer vollständigen Einräumung sämtlicher Rechte, dem sog. *Buy-out* (siehe hierzu Abschnitt 4.2.3).

Tipp
Exklusivität sollte vereinbart werden, wenn ein Interesse daran besteht, das Foto als Einziger für einen bestimmten Verwendungszweck nutzen zu können, etwa im Rahmen einer aufwendigen Werbekampagne.

Das ausschließliche Nutzungsrecht berechtigt den Inhaber zur *Vergabe von Unterlizenzen*. Bei der Unterlizenz bleiben Sie Lizenznehmer und ein Dritter erhält von Ihnen ein von Ihrem Nutzungsrecht abgeleitetes weiteres Nutzungsrecht, sog. Enkelrecht. Zur vollständigen Übertragung der Ihnen vom Urheber eingeräumten Nutzungsrechte auf einen Dritten, wenn Ihnen also im Anschluss kein Nutzungsrecht mehr verbleibt, bedürfen Sie aber der Zustimmung des Urhebers.

Hinweis
Will der Fotograf sich die eigene Nutzung vorbehalten, z.B. zur Eigenwerbung auf seiner Internetseite, so muss er sich das im Rahmen des Lizenzvertrags ausdrücklich vorbehalten.

Das ausschließliche Nutzungsrecht versetzt den Lizenznehmer aber auch in die Lage, als Kläger im Prozess gegen die unerlaubte Nutzung des ihm eingeräumten Nutzungsrechts vorzugehen (*Aktivlegitimation*) (siehe hierzu Abschnitt 9.1). Dieses Recht hat der einfache Lizenznehmer nicht. Als Inhaber eines ausschließlichen Nutzungsrechts können Sie etwaige Verletzer dieses Rechts dann selbst vor Gericht auf Unterlassung und z.B. Schadensersatz in Anspruch nehmen. Die Erlaubnis oder Mitwirkung des Urhebers brauchen Sie hierfür nicht. Der Inhaber eines einfachen Nutzungsrechts kann dies ohne Mitwirkung des Urhebers bzw. des ausschließlichen Nutzungsrechteinhabers nicht.

4.2.2   Inhaltliche, räumliche und zeitliche Beschränkung

Ausschließliche und einfache Nutzungsrechte können und sollten des Weiteren hinsichtlich des geplanten Verwendungszwecks durch eine *inhaltliche*, *räumliche* und *zeitliche* Beschränkung weiter konkretisiert und bestimmt werden.

Inhaltlich: Welche Nutzungsarten plane ich?

➤ *Will ich z.B. das Foto online oder offline verwenden und für meine Werbekampagne oder zur Bebilderung eines Artikels?*

Die *inhaltliche Beschränkung* der Nutzungsrechte ist die mit Abstand wichtigste Stellschraube bei der Rechteeinräumung. Hier kann festgelegt werden, für welche Nutzungsarten Sie das Foto verwenden dürfen. Die Parteien sind hier in der vertraglichen Ausgestaltung fast völlig frei.

Voraussetzung ist lediglich, dass ein *wirtschaftliches Interesse* des Urhebers erkennbar ist und die *inhaltliche Abgrenzung* hinreichend bestimmt sowie von anderen Nutzungsrechten unterscheidbar ist.

Der konkreten Nutzungsart muss eine abgrenzbare wirtschaftliche Bedeutung zukommen. Es kann also jede Art der Nutzung vertraglich vereinbart werden, für die es einen wirtschaftlichen Markt gibt. So können z.B. im Hinblick auf ein Foto unterschiedliche Nutzungsarten vereinbart werden, wie etwa die Verwendung auf einer Webseite in Abgrenzung zu der Verwendung des Fotos in einer Fernsehsendung oder eine redaktionelle Nutzung im Gegensatz zu einer kommerziellen oder sogar werblichen.

Eine *redaktionelle* Nutzung liegt nur dann vor, wenn die Informations- und Meinungsbildung im Vordergrund steht und eine etwaige Gewinnerzielungsabsicht (wie z.B. bei einer werblichen Nutzung) klar dahinter zurücktritt. Wird auf der Webseite hingegen kontextbezogene Fremdwerbung (z.B. Google AdWords) eingeblendet, wird häufig bereits eine kommerzielle Nutzung vorliegen. Dies jedenfalls dann, wenn der redaktionelle und mit dem Foto bebilderte Teil.

Beispiele

Die Verwendung eines Fotos in der Print-Ausgabe einer Zeitung ist eine wirtschaftlich andere Nutzungsart als die Verwendung des Fotos in der E-Paper-Ausgabe der Zeitung. Will also eine Zeitung beide Nutzungsarten, muss sie sich diese konkret einräumen lassen, andernfalls droht Schadensersatz des Fotografen (LG Frankenthal, Urteil vom 13.11.2012 – 6 O 258/10).

Die Einräumung der ausschließlichen Nutzungsrechte an Fotos in Bezug auf die Veröffentlichung in Reiseführern berechtigt nicht auch zur werblichen Nutzung der Fotos. Eine werbliche Nutzung stellt gegenüber der redaktionellen Nutzung eine selbstständige Nutzungsart dar (vgl. LG Hamburg, Urteil vom 06.11.2015 – 308 O 446/14).

Vorsicht
Die Nutzung von Fotos in den Social-Media-Kanälen stellt eine eigene Nutzungsart dar, für die eine eigene Social-Media-Lizenz vereinbart werden sollte.

Welche Besonderheiten bei der Nutzung von Fotos in den Social-Media-Kanälen noch zu berücksichtigen sind, beschreiben wir nachfolgend in Abschnitt 4.8.

Tipp
In der Mehrzahl der geschlossenen Lizenzverträge wird eine Social-Media-Lizenz nicht ausdrücklich vorgesehen sein. Hier sollte das Gespräch mit dem Rechteinhaber gesucht und eine Regelung erreicht werden, damit später kein Streit entsteht, wenn die Fotos dort verwendet werden.

Räumlich: Wo will ich die Fotos nutzen?

▸ *Will ich die Fotos z.B. nur in Deutschland, in Europa oder gar weltweit nutzen?*

Ein Nutzungsrecht kann auch auf ein geografisches oder politisches Gebiet, aber auch auf ein Sprachgebiet oder sogar einzelne Orte beschränkt werden.

Für die Online-Nutzung ist eine geografische oder sprachliche Beschränkung aufgrund der weltweiten Abrufbarkeit nur bedingt möglich und wird vereinzelt als unwirksam angesehen.

Zwar existieren mit Geo-IP-Sperren (Geoblocking) technische Verfahren, wodurch theoretisch bis zu einem gewissen Umfang festgelegt werden kann, aus welchen Ländern auf Inhalte, z.B. ein Video, zugegriffen werden kann. Eine »Aufteilung des Internets« nach Ländern ist damit aber schon rein technisch nicht wirklich möglich.

Wichtig
Als Fotoverwender, der eine Online-Nutzung des Fotos plant, sollten Sie sich deshalb die weltweiten, also räumlich unbeschränkten Nutzungsrechte einräumen lassen.

Zeitlich: Für welchen Zeitraum brauche ich die Rechte?

▸ *Wie lange will ich die Fotos nutzen, z.b. nur für ein Jahr oder ohne zeitliche Begrenzung?*

Auch Regelungen über die Dauer des eingeräumten Nutzungsrechts sind möglich.

Das Nutzungsrecht kann z.b. lediglich für einen Tag, ein Jahr oder eben zeitlich unbeschränkt eingeräumt werden. Die Vertragsparteien sind hierbei völlig frei. Nach Ablauf der vereinbarten Nutzungszeit fällt das Nutzungsrecht automatisch wieder an den Rechteinhaber, also in der Regel den Fotografen, zurück. Das bedeutet, dass das Foto nach Ablauf dieses Zeitraums selbstverständlich nicht mehr von Ihnen verwendet werden darf.

Dies beinhaltet, dass Sie als Fotoverwender die Nutzung des Fotos unmittelbar einstellen; idealerweise, um eine weitere Verwendung zu verhindern, es von Ihren Servern vollständig löschen.

Vorsicht
Häufig wird nur die konkrete Verlinkung auf ein Foto gelöscht, das Foto selbst ist aber noch unter Eingabe des Direktlinks abrufbar. Auch dies stellt eine unberechtigte Nutzung dar.

Wenn Sie Dritte mit Verwendung des lizenzierten Fotos für sich beauftragt haben, also das Foto sich nicht unmittelbar in Ihrem Zugriffsbereich befindet, dann müssen Sie nach Ablauf des Nutzungszeitraums entsprechend an diese Dritten herantreten und die weitere Verwendung unterbinden.

Beispiel

Einem Modeunternehmen werden die Social-Media-Nutzungsrechte für ein Foto nur für die Laufzeit der Winterkampagne des Jahres 2016 des fotografierten Kleides eingeräumt. Nach Ende der Winterkampagne muss das Modeunternehmen dann die Verwendung des Fotos einstellen.

4.2.3   Buy-out-Vertrag

Bei einem *Buy-out-Vertrag* räumt der Urheber dem Verwender die umfassenden Rechte an seinem Foto gegen die Zahlung eines Pauschalhonorars ein.

Buy-out-Verträge sind vertrags- und lizenzrechtlich nicht unproblematisch. Sie werden regelmäßig dann als unbedenklich anzusehen sein, wenn der umfassenden Rechteeinräumung eine *angemessene Vergütung* gegenübersteht. Angemessen ist eine Vergütung, wenn sie bei objektiver Betrachtung zum Zeitpunkt des Vertragsschlusses eine angemessene Beteiligung am voraussichtlichen Gesamtertrag der Nutzung darstellt. Das kann stets nur im Einzelfall bewertet werden.

Tipp
Um Buy-out-Klauseln insbesondere AGB-fest (siehe hierzu Abschnitt 4.6) zu machen, sollte der geplante Vertragszweck trotz Buy-out-Vertrag so genau wie möglich umschrieben und festgelegt werden, denn die pauschale Rechteeinräumung läuft eigentlich dem Grundgedanken des Urheberrechts zuwider (siehe hierzu Abschnitt 4.2.5).

4.2.4   Sublizenz und Übertragung von Nutzungsrechten

Wenn Sie als Lizenznehmer den Wunsch haben, die Ihnen eingeräumten Rechte ganz oder jedenfalls teilweise auf Dritte zu »übertragen«, sei es auf eine Tochtergesellschaft oder z.B. von einer Werbeagentur auf einen Kunden, so müssen Sie sich dieses Recht vertraglich einräumen lassen. Sie können über die Nutzungsrechte aber stets nur in dem Umfang verfügen, also diese z.B. auf Dritte übertragen oder Dritten Nutzungsrechte daran einräumen, wie Ihnen selbst Nutzungsrechte daran zustehen, also eingeräumt wurden.

Anders als die Urheberrechte selbst, die stets beim Urheber verbleiben, sind Nutzungsrechte an urheberrechtlich geschützten Inhalten grundsätzlich auf Dritte *übertragbar*. Es besteht zum einen die Möglichkeit, die Ihnen als Lizenznehmer eingeräumten Nutzungsrechte vollständig oder teilweise auf einen Dritten zu *übertragen*. Zum anderen können Sie Dritten *Sublizenzen* (Enkelrechte) einräumen.

Bei der Weiterübertragung von Rechten können Sie als ursprünglicher Rechteinhaber von den Inhalten in dem Umfang, wie Sie die Nutzungsrechte daran übertragen haben, selbst keinen Gebrauch mehr machen.

Bei der Einräumung einer Sublizenz können Sie als Lizenznehmer die Inhalte dagegen zum Beispiel selbst weiterhin nutzen oder auch anderen noch Nutzungsrechte einräumen. Sublizenzen kann jedoch nur der Inhaber eines *ausschließlichen Nutzungsrechts* einräumen.

Beispiel

Erstellt eine Werbeagentur im Auftrag eines Kunden ein Werbekonzept unter Verwendung eines Fotos, das sie selbst von einem Fotografen erworben hat, so muss sie dem Kunden die entsprechenden (Unter-)Nutzungsrechte einräumen oder auf ihn übertragen, die sie selbst zuvor vom Urheber, also dem Fotografen, erworben hat.

Sowohl einfache als auch ausschließliche Nutzungsrechte können Sie jedoch *nur mit Zustimmung des Urhebers* übertragen; Gleiches gilt für die Einräumung von Sublizenzen.

Tipp

Das Recht zur Einräumung von Sublizenzen und zur Übertragung sollte stets bereits bei der ursprünglichen Einräumung der Nutzungsrechte mit dem Urheber vereinbart werden.

4.2.5 Im Streitfall: Die Zweifelsregel (Zweckübertragungslehre)

Den Parteien steht es wie dargestellt frei, Art und Umfang der Nutzung eines Fotos, und damit die eingeräumten Rechte hieran, nach freiem Belieben zu vereinbaren. Tun sie dies jedoch nicht, was in der Praxis leider den Regelfall bildet, so ist genau dies häufig Anlass für Streit.

Haben die Parteien keine eindeutige Regelung über Art und Umfang der Nutzung eines Fotos getroffen, so erfolgt die Bestimmung der Reichweite der eingeräumten Nutzungsrechte anhand der sog. *Zweckübertragungsregel*.

Sie besagt nichts anderes, als dass der Urheber im Zweifel keine weitergehenden Nutzungsrechte einräumt, als es der Zweck des Vertrages erfordert. Es ist also anhand einer Auslegung des Vertrages zu bestimmen, welche Nutzungsrechte für die Erreichung des erkennbaren Vertragszweckes erforderlich sind.

Beispiel

Ergibt sich aus dem geschlossenen Vertrag, dass ein Online-Shop ein Produkt nach ganz Europa verkauft und liefert, und haben die Parteien nicht ausdrücklich geregelt, für welche Region die Rechte an dem Foto eingeräumt wurden (örtliche Beschränkung), so gilt die Nutzung des Fotos als für ganz Europa eingeräumt.

Hat ein Fotograf Fotos im Auftrag eines Herstellers für dessen Webseite erstellt, darf, wenn dies nicht ausdrücklich vereinbart wurde, der Hersteller diese Fotos nicht auch den Händlern zur Verwendung zur Verfügung stellen, die seine Produkte verkaufen (so z.B. in einem ähnlichen Fall das OLG München, Urteil vom 17.12.2015 – 29 U 2324/15).

Raum für eine Auslegung ist jedoch nur dort, wo die Parteien bewusst oder unbewusst solchen Raum auch gelassen haben, also die Nutzungsarten nicht ausdrücklich einzeln bezeichnet haben.

Vorsicht
Nach dem Willen des Gesetzgebers haben die Nutzungsrechte im Zweifel die Tendenz, beim Urheber zu verbleiben, denn dieser soll so weit wie möglich an der wirtschaftlichen Verwertung seines Werks beteiligt werden.

Unklarheiten über die Reichweite der Rechtseinräumung gehen deshalb regelmäßig *zu Ihren Lasten als Lizenznehmer.*

Hinweis
Lediglich für Zeitungen und Zeitschriften enthält das Gesetz eine Vermutungsregel, § 38 UrhG. Überlässt der Urheber das Foto einer periodisch erscheinenden Sammlung, z.B. also einer Zeitschrift, einem Kalender oder Jahrbuch, so erwirbt diese im Zweifel ein ausschließliches Nutzungsrecht für die Dauer von einem Jahr. Überlässt er es einer Zeitung, so erhält diese, wenn nichts anderes vereinbart ist, hingegen nur ein einfaches Nutzungsrecht. Selbst wenn der Urheber der Zeitung ein ausschließliches Nutzungsrecht eingeräumt hat, so ist er, wenn nichts anderes vereinbart wurde, sofort nach Erscheinen des Fotos zur anderweitigen Verwertung berechtigt.

Um hier keine bösen Überraschungen zu erleben, sollte zum einen eine klare Vorstellung über den geplanten Verwendungszweck bestehen, zum anderen muss sich dieser Verwendungszweck auch so genau wie möglich aus dem zu schließenden Lizenzvertrag ergeben.

Wichtig

Die Beweislast für die Einräumung und den Umfang eines Nutzungsrechts tragen stets Sie als Verwender (Lizenznehmer).

Es ist also in einem etwaigen Gerichtsverfahren an Ihnen, darzulegen, dass der Vertragszweck die Einräumung eines bestimmten Nutzungsrechts erfordert.

In der vertraglichen Ausgestaltung steht man deshalb vor dem Dilemma, entweder die einzelnen Nutzungsrechte und Nutzungsarten so detailliert aufzulisten, um den geplanten Verwendungszweck bestmöglich abzudecken. In diesem Fall ist jedoch dann kein Raum mehr für eine Vertragsauslegung, sollte doch eine benötigte Nutzungsform vergessen worden sein, denn die Aufzählung gilt dann als abschließend. Oder man unternimmt überhaupt nicht erst den Versuch, alle Nutzungsarten einzeln zu bezeichnen. Dies beinhaltet dann aber das Risiko bzw. Unsicherheit der Vertragsauslegung.

Tipp

Es empfiehlt sich, den geplanten Verwendungszweck, also wozu der Verwender das Foto genau benötigt, so detailliert wie möglich in dem Lizenzvertrag darzustellen und transparent zu machen. Also z.B.:

»Der Lizenznehmer möchte das Foto umfassend für seinen gesamten Internetauftritt und für sämtliche aktuelle und zukünftige Werbekampagnen auf alle erdenklichen Arten nutzen«.

Hierauf sollte mehr Aufwand verwendet werden als auf die einzelne Auflistung der eingeräumten Nutzungsrechte und Nutzungsarten.

Hier gilt: Mut zur Lücke!

4.3 Welche Rechte des Urhebers sind noch zu beachten?

4.3.1 Das Bearbeitungsrecht

Wie in Abschnitt 3.3 bereits ausgeführt sollten Sie vertraglich so genau wie möglich regeln, welche Art von Bearbeitungen Sie an dem Foto vornehmen dürfen.

> **Tipp**
>
> Auch wenn der Fotograf Änderungen, die eine Nutzung des Fotos im Rahmen der eingeräumten Nutzungsrechte nach dem Gesetz nicht wider Treu und Glauben verweigern darf, empfiehlt es sich, eine klare vertragliche Regelung über das Bearbeitungsrecht zu vereinbaren.

So könnte etwa formuliert werden:

Musterklausel

»Der Lizenznehmer ist berechtigt, das Foto, unter Beachtung der Grenzen des § 14 UrhG, zum Zwecke der vertragsmäßigen Verwertung, insbesondere im Rahmen der Formatanpassung und der Anpassung ans Layout, zu bearbeiten und umzugestalten. Der Fotograf erteilt bereits jetzt seine Einwilligung in die Veröffentlichung und Verwertung des insofern etwaig veränderten Fotos (§ 23 UrhG).«

4.3.2 Angemessene Vergütung

Das Urhebergesetz schützt nicht nur die besondere Verbindung des Urhebers zu seinem Werk (Urheberpersönlichkeitsrechte), es möchte auch sicherstellen, dass der Urheber von seiner Kunst leben kann.

Der Urheber hat daher Anspruch auf Zahlung einer *angemessenen Vergütung* für die Einräumung der Nutzungsrechte, § 32 UrhG.

Wenn Sie mit dem Fotografen die Höhe der Vergütung nicht bestimmt haben, was sicherlich eher die Ausnahme darstellen dürfte, hat er unmittelbar Anspruch auf Zahlung der angemessenen Vergütung.

Aber auch wenn die Vergütung festgelegt wurde, kann er die nachträgliche Anpassung verlangen, wenn diese sich im Nachhinein als nicht angemessen herausstellt. In diesem Fall kann der Fotograf Anpassung der

Vergütung verlangen und notfalls hierauf klagen. Der Fotograf kann auch nicht etwa vertraglich auf die angemessene Vergütung verzichten.

> ### Hinweis
>
> Findet die Nutzung des Fotos hingegen innerhalb des Regelungsbereichs eines Tarifvertrags statt oder existieren gemeinsame Vergütungsregeln eines Verbandes von freien Urhebern mit Verwertern (im Fotobereich bisher nicht vorhanden) und wurde die Vergütung anhand dieser Regeln ermittelt, so ist der Anpassungsanspruch ausgeschlossen bzw. gilt die Vergütung als angemessen.

Als angemessen sieht das Gesetz eine Vergütung an, die dem entspricht, was im Geschäftsverkehr nach Art und Umfang der eingeräumten Nutzungsmöglichkeit, insbesondere nach Dauer und Zeitpunkt der Nutzung, unter Berücksichtigung aller Umstände *üblicher- und redlicherweise* zu leisten ist.

Was im Einzelfall eine angemessene Vergütung darstellt, ist schwer zu ermitteln. Für die Angemessenheit des Honorars ist auf den Zeitpunkt des Vertragsschlusses abzustellen.

> ### Hinweis
>
> Im Bereich der Fotografie bieten die *Honorarübersichten der Mittelstandsgemeinschaft Foto-Marketing (MFM)* einen Anhaltspunkt, was als angemessen anzusehen ist.

Dem Grundsatz, dass der Urheber (Fotograf) an jeder wirtschaftlichen Nutzung seines Werks zu beteiligen ist, wird am besten durch eine erfolgsabhängige Vergütung Rechnung getragen. Dies wird aber häufig nicht im Interesse des Fotoverwenders sein und sich zudem schwer abbilden lassen. Im Bereich der Produktfotografie ist dies zudem unüblich. Hier steht die handwerkliche Leistung im Vordergrund.

> ### Tipp
>
> Bei der Vertragsgestaltung ist zu empfehlen, die Vergütung für die Herstellung (Produktion = Werkvertrag) der Fotos und das Nutzungshonorar (Rechteeinräumung = Lizenzvertrag) gesondert auszuweisen und das Nutzungshonorar, wenn man ganz auf Nummer sicher gehen will, der Höhe nach variabel an den Umfang der Verwertung zu knüpfen.

4.3.3   Weitere wirtschaftliche Beteiligung des Urhebers

Beachten Sie, dass der wirtschaftliche Schutz des Urhebers aber sogar noch weiter geht. Wenn sich nämlich nach Vertragsschluss herausstellt, dass die vereinbarte Vergütung in einem *auffälligen Missverhältnis* zu den Erträgen und Vorteilen aus der Nutzung des Fotos steht, so hat der Fotograf Anspruch auf eine weitere angemessene Beteiligung, § 32a UrhG.

Ein auffälliges Missverhältnis liegt jedenfalls dann vor, wenn die vereinbarte Vergütung 20% oder 35% dessen erreicht, was als angemessene Beteiligung üblicherweise zu zahlen wäre.

Beispiel

Ein Fotograf räumt einem Online-Shop das auf drei Jahre beschränkte Recht ein, ein Foto auf einer Postkarte als Druck zum Kauf anzubieten. Bei der Bemessung der Vergütung gehen die Parteien von einer Auflage von bis zu 2.500 Stück aus und der Urheber erhält für die Einräumung der Rechte 150 €. Tatsächlich verkauft sich die Postkarte später über 100.000-mal. Für eine solche Auflage läge die übliche Vergütung nach den MFM-Tabellen jedoch bei 385 € und damit über 100% über der vereinbarten. Der Fotograf hätte daher Anspruch auf Zahlung der Differenz zwischen vereinbarter und angemessener Vergütung. In diesem Beispiel also 200 €.

4.3.4   Rückrufsrechte des Urhebers

Weiterer Ausdruck der besonderen Beziehung des Urhebers zu seinem Werk sind die ihm zustehenden *Rückrufsrechte*.

So kann der Urheber die von ihm eingeräumten *ausschließlichen Nutzungsrechte* (siehe zu der Unterscheidung Abschnitt 4.2.1) zum einen *wegen Nichtausübung* nach § 41 UrhG zurückrufen, wenn der Lizenznehmer innerhalb von zwei Jahren ab Einräumung des Rechts die Rechte *nicht* oder *nur unzureichend ausgeübt* hat und der Fotograf ihm zuvor eine Frist und damit eine letzte Chance zur Verwendung eingeräumt hat.

In der Variante des Rückrufs wegen Nichtausübung findet überhaupt keine Form der Verwertung statt. Eine nur unzureichende Ausübung der Rechte liegt vor, wenn der Lizenznehmer weniger Mittel einsetzt, als zur Erreichung des Vertragszwecks und der Branchenüblichkeit objektiv erforderlich sind.

Hinweis

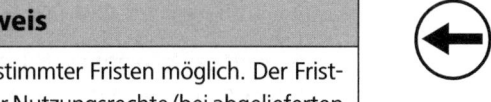

Der Rückruf ist erst nach Ablauf bestimmter Fristen möglich. Der Fristbeginn knüpft an die Einräumung der Nutzungsrechte (bei abgelieferten Werken) oder an die (spätere) Ablieferung des Werks. Die Zweijahresfrist gilt grundsätzlich für alle Werke außer Zeitungs- und Zeitschriftenbeiträge. Bei einem Beitrag zu einer Zeitung beträgt die Frist drei Monate, bei einem Beitrag zu einer Zeitschrift, die monatlich oder in kürzeren Abständen erscheint, sechs Monate und bei einem Beitrag zu anderen Zeitschriften ein Jahr.

Ruft der Fotograf die eingeräumten Rechte auf diese Weise zurück, verliert der Lizenznehmer das Recht zur Nutzung und darf die Fotos zukünftig nicht mehr verwenden.

Beispiel

Vermarktet eine Fotoagentur ein ihr zur ausschließlichen Verwertung überlassenes Foto nicht aktiv oder bewirbt sie ihr Angebot nicht im angemessenen Umfang, so kann der Fotograf sein Rückrufsrecht ausüben und die ausschließlichen Nutzungsrechte fallen an ihn zurück.

Hinweis

Ruft der Fotograf seine Rechte auf diese Weise zurück, so muss er Ihnen als Lizenznehmer jedoch unter Umständen eine Entschädigung zahlen, wenn Sie im Vertrauen auf den Bestand des Rechts Aufwendungen getätigt und die Nichtausübung nicht verschuldet haben.

Der Urheber kann die von ihm eingeräumten Nutzungsrechte zum anderen im Fall einer *gewandelten Überzeugung* zurückrufen, § 42 UrhG. Die Voraussetzungen sind hierfür jedoch hoch. In Betracht kommt lediglich ein gravierender und nachweisbarer Überzeugungswandel in politischer, künstlerischer oder religiöser Hinsicht. Rein ästhetische oder stilistische Erwägungen spielen hier keine Rolle.

Beispiel

So wird ein Fotograf die Nutzungsrechte an einer pornografischen Aufnahme zurückrufen können, wenn er nachweislich im Nachhinein eine religiöse Haltung eingenommen hat, die ihm solche Aufnahmen verbietet. Ein Fotograf hingegen, der früher Hochzeiten fotografierte, wird die für diese Fotos eingeräumten Rechte nicht erfolgreich mit der Begründung zurückrufen können, er habe sich jetzt allein z.b. der künstlerischen Straßenfotografie verschrieben.

Hinweis

Auch hier hat der Urheber Sie als Lizenznehmer bei Rückruf der Rechte angemessen zu entschädigen. Die Entschädigung muss mindestens die Aufwendungen decken, die der Lizenznehmer bis zur Erklärung des Rückrufs auf noch nicht gezogene Nutzungen gemacht hat.

Mit Wirksamwerden des Rückrufs erlischt in beiden Fällen das jeweilige Nutzungsrecht beim Lizenznehmer.

Wichtig

Auf beide Rückrufsrechte kann der Urheber im Voraus nicht verzichten. Hierauf lautende vertragliche Regelungen sind unwirksam.

Tipp

Es kann jedoch vertraglich vereinbart werden, dass der Urheber sein Rückrufsrecht wegen Nichtausübung für eine Dauer von fünf Jahren ab Vertragsschluss nicht ausübt. Für das Rückrufsrecht wegen gewandelter Überzeugung ist eine solche Vereinbarung nicht möglich.

4.4   Beispielklausel: Nutzungsrechte

Eine Regelung, mit der Sie sich als Lizenznehmer Nutzungsrechte an einem Foto für eine umfassende ausschließliche Verwendung einräumen lassen, könnte z.B. lauten:

Musterklausel

»Der Lizenzgeber räumt dem Lizenznehmer hiermit das zeitlich, örtlich und inhaltlich unbeschränkte, frei übertragbare ausschließliche Nutzungsrecht ein, das Foto auf alle erdenklichen Nutzungsarten, insbesondere aber _____ [hier sollte ein spezieller Nutzungszweck angegeben werden, der in jedem Fall gestattet sein soll, z.B. zur Bewerbung der Produkte im Online-Shop] kommerziell zu verwerten. Der Lizenzgeber erteilt bereits hiermit seine Einwilligung zu der Übertragung der Rechte auf Dritte. Der Lizenznehmer ist berechtigt, das Foto, unter Beachtung der Grenzen des § 14 UrhG, zu bearbeiten und umzugestalten. Der Lizenzgeber erteilt bereits jetzt seine Einwilligung in die Veröffentlichung und Verwertung des etwaig bearbeiteten Fotos (§ 23 UrhG). Der Lizenznehmer ist nicht zur Nennung des Urhebers verpflichtet. Der Urheber wird keine diesbezüglichen Ansprüche gegen den Lizenznehmer geltend machen. Ist der Lizenzgeber nicht zugleich Urheber, so stellt er den Lizenznehmer von etwaigen Ansprüchen des Urhebers frei.«

4.5 Checkliste: Lizenzvertrag

Folgende Regelungen sollten in jeden Lizenzvertrag aufgenommen werden:

- **Umfang der eingeräumten Rechte:** ausschließlich oder einfach, örtlich, inhaltlich oder zeitlich beschränkt (z.B. einfaches Recht der werblichen Online-Nutzung in Deutschland für zwei Jahre)
- **Vergütung:** Höhe und Zahlungsziel
- **Bearbeitungsrecht:** Darf der Fotoverwender das Foto bearbeiten und wenn ja in welchem Umfang?
- **Sublizenz und Übertragungsrechte:** Darf der Lizenznehmer die Rechte an dem Foto Dritten einräumen oder übertragen?
- **Urhebernennung:** Regelungen zur Urhebernennungspflicht
- **Haftungsfreistellung:** Rechtegarantie und Haftungsfreistellung gegenüber Dritten

4.6   Regelungen in Allgemeinen Geschäftsbedingungen

Die vorstehenden Lizenzregelungen finden sich häufig, etwas versteckt, in den Allgemeinen Geschäftsbedingungen (AGB) des Fotografen oder Lizenzinhabers. *AGB* sind für eine Vielzahl von Verträgen vorformulierte Vertragsbedingungen, die eine Partei der anderen stellt.

Hinweis
Im Prinzip ist jede Musterformulierung (auch Textbausteine), selbst wenn sie noch um die persönlichen Angaben ergänzt wird, als AGB anzusehen und damit gerichtlich besonders überprüfbar – sog. AGB-Kontrolle.

Damit AGB überhaupt Vertragsbestandteil werden, müssen sie *wirksam einbezogen* werden. Dies setzt voraus, dass Sie als Vertragspartner die Möglichkeit hatten, von ihnen Kenntnis zu nehmen.

Vorsicht
Bei per E-Mail abgeschlossenen Verträgen müssen die AGB, wenn sie wirksam einbezogen werden sollen, z.B. als PDF vor Vertragsschluss mitübersandt und auf sie hingewiesen worden sein. Die Tatsache, dass sie sich auf der Internetseite des Fotografen oder der Fotoagentur befinden, reicht ohne konkreten Hinweis darauf für ihre Einbeziehung nicht aus.

AGB mit Fotobezug waren in letzter Zeit verstärkt Gegenstand von Gerichtsentscheidungen.

Tipp
Wollen Fotografen oder Agenturen ihre AGB in den Vertrag einbeziehen, so sollten Sie diesen in jedem Fall besondere Beachtung schenken und auf Regelungen rund um die von Ihnen zu erwerbenden Fotos überprüfen lassen, um böse Überraschungen zu vermeiden.

AGB können damit im Streitfall einer *AGB-Kontrolle* durch die Gerichte unterzogen werden, das bedeutet, die Regelungen müssen sich an besonders strengen Vorgaben messen lassen.

Danach sind sie unwirksam, wenn sie den Vertragspartner *unverhältnismäßig benachteiligen*, *überraschen* oder *intransparent* sind. Im Bereich des Urheberrechts müssen sich Regelungen in AGB am Leitbild der Zweckübertragungslehre messen lassen.

Auf die nachfolgenden Regelungen in AGB der Fotografen/Agenturen sollten Sie besonders achten.

4.7   Checkliste: Nutzungsrechte in den AGB

- **Nutzungsrechte:** Werden sich eher selten wirksam vereinbart in den AGB finden. Größere Überraschungen kann es hier kaum geben, denn es gilt das Leitbild der Zweckübertragung: Nur was nach dem Vertragszweck erforderlich ist, gilt als vereinbart.

- **(Pauschal-)Honorare (insbesondere Buy-out-Regelungen):** Können grundsätzlich auch in AGB wirksam vereinbart werden. Die Vergütung muss jedoch angemessen sein, d.h. den Fotografen angemessen an den Erträgen beteiligen. Auch Fälligkeitsregelungen für die Vergütung können sich in den AGB finden. Ebenso wie Regelungen zu Spesen und Auslagen

- **Bearbeitungsrechte:** Können in den Grenzen des Urheberpersönlichkeitsrechts wirksam vereinbart werden.

- **Rechtegarantien:** Also die Zusicherung, dass die gelieferten Fotos frei von Rechten Dritter sind, können in die AGB wirksam aufgenommen werden. Haftungsfreistellungen von den Ansprüchen Dritter aus einer Rechtsverletzung der zugesicherten Rechte dürfen sich lediglich auf verschuldete und begründete Ansprüche Dritter richten.

- **Urhebernennung:** Häufig finden sich hier Angaben, wie der Fotograf als Urheber genau zu bezeichnen ist. Unzulässig ist es, die Urhebernennungsrechte zu beschränken. Auch kann eine wirksame Vertragsstrafe für den Fall der unterlassenen Urhebernennung festgelegt werden.

- **Preisaufschläge:** Können sich zulässigerweise in den AGB finden, etwa für die Verwendung eines Fotos als Titelbild für eine Werbeanzeige von z.B. 100% auf das normale Honorar.

> ‣ **Vertragsstrafen:** Etwa für unberechtigte Nutzungsarten oder die unerlaubte Weitergabe von Fotos werden von den Gerichten häufig als zulässig angesehen. Hier wurden Vertragsstrafen in Höhe von 500% des normalen Honorars als zulässig angesehen.

4.8   Weitreichende Rechteeinräumung für Facebook, Twitter & Co.

Vorsicht ist im Allgemeinen geboten bei der geplanten Verwendung von Fotos in Social Media.

Wir haben bereits ausgeführt, dass die Verwendung von Fotos in Social Media in jedem Fall eine entsprechende *Lizenz* erfordert. Dies hängt insbesondere auch damit zusammen, dass sich die Social-Media-Portale durch das Einstellen von Fotos recht weitgehende Rechte an den Fotos einräumen lassen.

So sehen es die *Allgemeinen Geschäftsbedingungen* sämtlicher Social-Media-Netzwerke vor, dass der Nutzer, der sich bei dem Netzwerk anmeldet und hierbei den AGB zustimmen muss, an etwaig urheberrechtlich geschützten Inhalten, wie z.B. Fotos, die er in das Netzwerk einstellt, diesem Nutzungsrechte in unterschiedlichem Umfang einräumt.

Die AGB der Netzwerke sehen sodann unterschiedlich weitreichende, insgesamt eine jedoch sehr weitreichende Nutzungsrechtseinräumung vor.

Die folgenden Auszüge aus den AGB unterschiedlicher Social-Media-Netzwerke entsprechen dem Stand Januar 2018.

AGB von Facebook – www.facebook.com/legal/terms

Facebook – letzte Änderung: 30.01.2015
»Für Inhalte, die durch Rechte am geistigen Eigentum geschützt sind, wie Fotos und Videos (IP-Inhalte), erteilst du uns ausdrücklich nachfolgende Genehmigung, vorbehaltlich deiner Einstellungen für Privatsphäre und Apps: Du gewährst uns eine nicht-exklusive, übertragbare, unterlizenzierbare, gebührenfreie, weltweite Lizenz für die Nutzung jedweder IP-Inhalte, die du auf bzw. im Zusammenhang mit Facebook postest (IP-Lizenz). Diese IP-Lizenz endet, wenn du deine IP-Inhalte oder dein Konto löschst; es sei denn, deine Inhalte wurden mit anderen geteilt und diese haben die Inhalte nicht gelöscht.«

AGB von Twitter – www.twitter.com/tos

Twitter – letzte Änderung: 2.10.2017

»Durch Übermittlung, Veröffentlichung oder Anzeigen von Inhalten über die Dienste gewähren Sie uns eine weltweite, nicht exklusive, unentgeltliche Lizenz (mit dem Recht zur Unterlizenzierung), diese Inhalte in sämtlichen Medien und über sämtliche Verbreitungswege, die gegenwärtig bekannt sind oder in Zukunft bekannt sein werden, zu verwenden, zu vervielfältigen, zu reproduzieren, zu verarbeiten, anzupassen, abzuändern, zu veröffentlichen, zu übertragen, anzuzeigen und zu verbreiten.«

AGB von Instagram – www.instagram.com/legal/terms

Instagram – letzte Änderung: 1.11.2017

»Dir gehören alle Inhalte und Informationen, die du auf Instagram postest. Mithilfe deiner Einstellungen für die Privatsphäre kannst du kontrollieren, wie diese geteilt werden. Für Inhalte, die durch Rechte am geistigen Eigentum geschützt sind, wie Fotos und Videos (IP-Inhalte), erteilst du uns ausdrücklich die nachfolgende Berechtigung, die deinen Einstellungen für die Privatsphäre und Apps und den Datenschutzrichtlinien des Dienstes unterliegt, die du hier einsehen kannst: *http://instagram.com/legal/privacy/*, dazu gehören u.a. die Abschnitte 3 (»Teilen deiner Informationen«), 4 (»Speicherung deiner Informationen«) und 5 (»Deine Wahlmöglichkeiten in Bezug auf deine Informationen«): Du gewährst uns eine nicht-exklusive, übertragbare, unterlizenzierbare, weltweite Lizenz zur Nutzung jedweder IP-Inhalte, die du auf Instagram postest (»IP-Lizenz«). Diese IP-Lizenz dient nur dem Zweck der Zurverfügungstellung des Instagram-Dienstes, und diese IP-Lizenz endet, wenn du deine IP-Inhalte löschst, es sei denn, deine Inhalte wurden mit anderen geteilt und diese haben die Inhalte gelöscht (je nachdem, was später stattfand). Wie in den Datenschutzrichtlinien beschrieben, kannst du auswählen, wer deine Inhalte und Aktivitäten sehen kann, einschließlich deiner Fotos.«

Alle Netzwerke lassen sich damit eine nicht-ausschließliche Lizenz für die umfassende Verwendung von Inhalten einräumen. Diese Rechteeinräumung beschränkt sich nicht nur auf die Verwendung in dem jeweiligen Netzwerk. Die Regelung ist so allgemein gehalten, dass sie auch eine *werbliche Verwendung*, sogar durch Dritte, also einen Weiterverkauf der Inhalte abdecken könnte.

Ob und in welchem Umfang diese Rechteeinräumungen mit den geltenden AGB-Vorschriften in Einklang zu bringen sind, wird noch gerichtlich zu klären sein.

Beispiel

Das Kammergericht (KG) hat eine solche Klausel als nicht vereinbar mit dem Anspruch des Urhebers auf Zahlung einer angemessenen Vergütung angesehen und für unwirksam erklärt. Der BGH hat dies wohl im Ergebnis bestätigt (die Urteilsgründe lagen bei Veröffentlichung noch nicht vor – KG, Urteil vom 24.1.2014 – 5 U 42/12; BGH, Urteil vom 4.1.2016 – I ZR 65/14).

Tipp

Bei der Verwendung von Fotos im Internet sollten Sie sich zum einen fragen, ob Ihnen dies aufgrund der Ihnen eingeräumten Rechte überhaupt gestattet ist – Stichwort Social-Media-Lizenz. Zum anderen müssen Sie sich im Klaren sein, dass die Einstellung von Inhalten auf einer Social-Media-Plattform nicht nur den dortigen Nutzern des Netzwerks gestattet, diese frei in dem Netzwerk zu teilen, sondern auch, dass das Netzwerk diese werblich verwerten oder an Dritte veräußern kann.

4.9   Der Werkvertrag

Müssen die Fotos also im Rahmen einer Auftragsarbeit durch den Fotografen erst noch erstellt werden, tritt neben dem Lizenzvertrag noch ein *Werkvertrag*, der die handwerkliche Leistung der Fotoherstellung regelt und nicht minder wichtig ist.

Tipp

Hier sollte so genau wie möglich geregelt werden, was von dem Fotografen im Hinblick auf Motiv, Qualität (ohne Einschränkung der künstlerischen Freiheit) und Anzahl der zu erstellenden Fotos erwartet wird und insbesondere bis zu welchem Zeitpunkt die Fotos erstellt werden sollen. Fehlen sollten auch keine Regelungen zu der Fälligkeit der vereinbarten Vergütung.

Ohne detaillierte Regelungen greift das allgemeine Werkvertragsrecht mit Rechtsunsicherheiten für alle Beteiligten.

Tipp

Die Regelungen zum Werkvertragsrecht im Fall einer Auftragsarbeit sollten in einem Vertrag mit den Vereinbarungen zu den Lizenzrechten vereinbart werden.

4.9.1   Checkliste: Fotoherstellungsvertrag

Die folgenden Punkte sollten in jedem Fall in dem Vertrag mit dem Fotografen geregelt werden:

Leistungspflicht des Fotografen:

- Art der Fotos definieren (Motiv, Qualität festlegen z.B. anhand von Vergleichsfotos)
- welche Anzahl in welcher Form (Dateiformat, Auflösung, Speichermedium)
- bis wann müssen die Fotos erstellt werden

Vergütung:

- Höhe und Zahlungsziele (z.B. 50% bei Beginn, 50% bei Abnahme)
- wer trägt die Kosten der Produktion (z.B. Models, Location-Miete, Styling, Versicherungen)

Abnahme:

- Welche Mitwirkungspflichten hat der Besteller der Fotos bei deren Abnahme, welche Nachbesserungspflichten soll es geben?

Die Ausnahmen: Wann man keine Lizenz braucht

Nicht immer ist es notwendig, ein urheberrechtlich geschütztes Foto lizenzieren zu lassen, wenn man es verwenden will. Unter bestimmten Voraussetzungen ist das sogar ganz ohne die Zustimmung des Fotografen zulässig. Hierfür sieht das Urhebergesetz bestimmte Ausnahmen vor.

Vorsicht
Nur die wenigsten Ausnahmen erlauben eine kommerzielle Nutzung und alle gesetzlichen Ausnahmen sind sehr eng zugunsten des Fotografen auszulegen. Insofern sollten Sie, wenn Sie unsicher sind, ob eine Ausnahme zutrifft, im Zweifel lieber eine Lizenz einholen.

5.1   Ausnahmen des Urheberrechts

Das Urheberrecht gewährt keinen absoluten Schutz. Zur Wahrung verschiedener gesellschaftlicher Interessen sieht das Gesetz Ausnahmen vom Urheberrechtsschutz vor. Vertieft spielen diese Ausnahmen eine Rolle bei der Sachfotografie, wie Sie in Kapitel 7 nachlesen können.

Das Gesetz sieht zwar eine Vielzahl von Ausnahmen vor, von denen aber nur die nachfolgend dargestellten für die Verwendung von Fotos ohne Lizenz Relevanz haben.

5.1.1   Das Bildzitat

Die Ausnahme des Zitierrechts erlaubt die *teilweise oder vollständige Übernahme eines Fotos*, wenn dies geschieht, um Inhalte *zu belegen oder zu erörtern*. Das Bild darf nicht dafür benutzt werden, um eigene Erörterungen oder Überlegungen zu ersparen. Es ist also eine inhaltliche Auseinandersetzung mit dem Foto nötig, z.B. indem die Fotografie besprochen wird, oder es muss eine gedankliche Verbindung zwischen dem abgebildeten Foto und dem Text bestehen, z.B. dann, wenn das Foto für das Verständnis des Textes notwendig ist. Diese Ausnahme wird sehr eng ausgelegt und hat nur einen kleinen Anwendungsbereich.

Beispiel

Im Rahmen eines Produktberichts wird ein Foto verwendet, das einen im Bericht beschriebenen, häufig auftretenden Fehler des Produkts zeigt. Damit wird der Bericht belegt, das Foto dürfte im Rahmen des Zitierrechts ohne Einwilligung des Fotografen verwendet werden. Wird dagegen ein einfaches Produktfoto des fremden Fotografen neben den Beitrag gestellt, um diesen zu illustrieren und eine eigene Aufnahme zu ersparen, erfüllt die Verwendung nicht die erforderliche Belegfunktion.

Beispiel

In einer Unterhaltungssendung werden Ausschnitte aus dem Programm anderer Fernsehsender gezeigt und humorvoll kommentiert. Da es aber keine innere Verbindung zwischen den Ausschnitten und den eigenen Gedanken des Moderators gibt, ist die Verwendung unzulässig (vgl. BGH, Urteil vom 20. 12. 2007 – I ZR 42/05 – TV-Total).

Ein Bildzitat muss mit einer *Quellenangabe*, wie in Abschnitt 5.1.4 erklärt, versehen werden und darf nur in sehr engem Rahmen geändert werden, siehe Abschnitt 5.1.7.

5.1.2 Kopien für private Zwecke

Hinweis
Letztlich kommt der Ausnahme des Eigen- und Privatgebrauchs im Bereich der Fotografie keine große praktische Bedeutung zu, da jede Form der kommerziellen Nutzung ausgeschlossen ist, lediglich eine geringe Anzahl von Vervielfältigungsstücken angefertigt werden darf und Verwertungshandlungen wie die Verbreitung und öffentliche Zugänglichmachung im Internet nicht erfasst sind.

Die Ausnahme der Privatkopie erlaubt die Vervielfältigung zu privaten Zwecken. Allerdings darf die Privatkopie nicht veröffentlicht und deshalb auch nicht im Internet verwendet werden. Aus diesem Grund ist die Privatkopie an dieser Stelle eher der Vollständigkeit halber zu erwähnen. Die einzelnen Voraussetzungen der Privatkopie können Sie in Abschnitt 7.4.1 nachlesen.

5.1.3 Weitere Ausnahmen

Sofern das Foto, das verwendet werden soll, nicht selbst übernommen wird, sondern seinerseits Gegenstand der Abbildung eines Fotos ist, kommen noch weitere gesetzliche Ausnahmetatbestände in Betracht, die ebenfalls in Abschnitt 7.4.1, z.B. unter dem Stichwort unwesentliches Beiwerk oder Berichterstattung über Tagesereignisse nachgelesen werden können

5.1.4   Die Pflicht zur Quellenangabe

Ein Foto ohne die Zustimmung des Rechteinhabers nutzen zu können, bedeutet nicht, dass man auch auf die Anerkennung der Urheberschaft, wie in Abschnitt 2.7 erläutert, verzichten darf. Die Pflicht zur *Quellenangabe* verpflichtet denjenigen, der sich auf die vorgenannten Schranken beruft, zur Nennung des Fotografen sowie zur Benennung der Fundstelle des Fotos.

Damit dient die Pflicht zur Quellenangabe zum einen der Prüfbarkeit einer genannten Information und zum anderen auch zu Werbezwecken für den Fotografen und die Fundstelle, etwa die Bildagentur.

Die Pflicht zur Quellenangabe besteht u.a. bei den Ausnahmen Berichterstattung über Tagesereignisse, Zitate und Panoramafreiheit. *Keine Pflicht* besteht dagegen bei der Schranke des unwesentlichen Beiwerks und der Privatkopie, es sei denn, es handelt sich um eine Kopie zum Zweck des wissenschaftlichen oder des Unterrichtsgebrauchs. Diese Ausnahmen finden Sie in Abschnitt 7.4.1 näher erläutert.

Die bloße Urheberangabe reicht als Quellenangabe nicht aus. Allerdings schreibt das Gesetz auch keine konkreten Angaben vor. Wichtig ist nur, dass der Betrachter eindeutig erkennen kann, welches Foto welchem Fotografen und welcher Fundstelle zuzuordnen ist. Bei Fotos sollten, soweit vorhanden, die folgenden Daten angegeben werden:

- *Name des Fotografen*
- *Titel des Fotos*
- *Erstellungsjahr*
- *Aufstellungsort (z.B. Museum für Fotografie)*
- *Veröffentlicher (Verlag, Bildagentur oder Bildarchiv)*

Wird ein Foto aus dem Internet übernommen, ist zudem noch die URL anzugeben, unter der das Foto gefunden werden kann.

Zu den *Mindestangaben* zählen jedenfalls der Vor- und Zuname des Fotografen und die Quelle, aus der das Foto stammt.

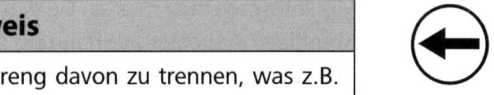

Hinweis

Die Pflicht zur Quellenangabe ist streng davon zu trennen, was z.B. Bildagenturen in ihren Nutzungsbedingungen als Herkunftshinweis fordern. Die Quellenangabe ist notwendig, wenn sich der Verwender auf eine urheberrechtliche Schranke beruft. Eine in einer Lizenz oder in Nutzungsbedingungen vereinbarte Quellen- oder Herkunftsangabe (z.B.»© Fotografenname – fotolia.de«) ist eine vertraglich vereinbarte Pflichtangabe.

Die Quelle muss außerdem *deutlich* angegeben werden. Das bedeutet insbesondere auch, dass die Quellenangabe dem Foto eindeutig zugeordnet werden muss. Am einfachsten ist dies natürlich dann der Fall, wenn die Quellenangabe unmittelbar bei dem Foto angebracht wird, z.B. unter seinem Abdruck. Sofern das nicht möglich ist, z.B. bei Fotonachweisen in einem Buch, oder es der Ästhetik widerspricht, z.B. bei Wiedergabe einer Fotografie in einem Kunstwerk, kann ausnahmsweise die Zuordnung in einem Quellenverzeichnis durch entsprechende Seiten- und Positionsangaben erfüllt werden. Weitere Möglichkeiten sind die Anbringung des Quellennachweises am Ende eines Artikels, der mit dem Foto illustriert wurde, oder eine Veröffentlichung im Impressum einer Webseite unter Benennung des Beitrags oder der genauen Seite, auf der das Foto zu finden ist.

Wichtig

Bei der Quellenangabe ist nicht nur wichtig, dass sie alle notwendigen Informationen erhält, sondern dass sie der Leser oder Betrachter auch dem Foto zuordnen kann. Dafür muss sie nicht zwingend unter dem Foto stehen. Allerdings muss eine Zuordnung zweifelsfrei möglich sein.

5.1.5 Wann die Pflicht zur Quellenangabe entfallen kann

Hin und wieder kann die Pflicht zur Quellenangabe aber auch entfallen, selbst wenn sie dem Grunde nach besteht, z.B. dann, *wenn es sich um ein anonymes Foto handelt oder die Quelle des Fotos dem Verwender unbekannt ist.* Dies kann der Fall sein, wenn sie entweder auf dem Foto oder der Vervielfältigung des Fotos nicht angegeben ist oder wenn Sie sie nicht in Erfahrung bringen konnten.

Als Fotoverwender müssen Sie sich jedoch darum bemüht haben, die notwendigen Angaben in Erfahrung zu bringen, und entsprechend recherchieren. Sollte es zum Streit kommen, obliegt es Ihnen, zu beweisen, dass Sie ernsthaft versucht haben, die notwendigen Informationen zu erlangen.

Beispiel

Ein Blogger fotografiert ein Gartentor, das so aufwendig gestaltet ist, dass es Urheberrechtsschutz genießt. Ein Urheber ist jedoch nicht angegeben. Das Foto verwendet der Blogger auf seiner Webseite und beruft sich dabei auf die Panoramafreiheit, siehe Abschnitt 7.4.1, weshalb er keine Zustimmung des Künstlers für die Veröffentlichung braucht. Eine Quellenangabe macht er nicht, schließlich waren bei dem Kunstwerk keine Angaben zu finden. In einem späteren Verletzungsprozess wird er sich wohl vorwerfen lassen müssen, dass er sich wenigstens bei dem Eigentümer des Grundstücks nach dem Urheber hätte erkundigen müssen.

Auch wenn es nach der *allgemeinen Verkehrssitte* nicht üblich ist, die Quelle anzugeben, kann die Pflicht zur Quellenangabe entfallen.

Besonders bei der unverkörperten, das heißt digitalen Wiedergabe von Fotos, z.B. bei Vorträgen, Fernsehsendungen oder im Internet, kann es durchaus sein, dass es nicht der Verkehrssitte entspricht, eine Quellenangabe zu machen. In dem Fall kann sie ausnahmsweise weggelassen werden. Im Internet sollte aber davon ausgegangen werden, dass es eher üblich ist, die Quelle anzugeben, als sie wegzulassen. Gelingt es dem Urheber nachzuweisen, dass die Verkehrssitte nicht gegen die Angabe der Quelle spricht, treffen die Rechtsfolgen den Bildverwender.

5.1.6   Rechtsfolge der unterlassenen Quellenangabe

Unterlässt der Verwender die Quellenangabe, wird die Benutzung des Fotos nicht per se unzulässig. Ohne die Quellenangabe darf die Nutzung aber auch nicht fortgesetzt werden. Der Fotograf kann also vom Fotoverwender verlangen, die Nutzung des Werks ohne Quellenangabe zu unterlassen. Daneben kommen auch Schadensersatzansprüche nach den gleichen Aspekten wie bei der unterlassenen Urhebernennung in Betracht, wie in Abschnitt 9.3.4 geschildert.

Letztendlich müssen Sie beweisen, dass sowohl die urheberrechtliche Ausnahme einschlägig war, auf die Sie sich berufen, und Sie zudem alles Erforderliche getan haben, um die Voraussetzungen der gesetzlich gestatteten Nutzung zu erfüllen. Dazu gehört auch die Quellenangabe.

Wichtig

Wer sich auf eine gesetzliche Ausnahme beruft, muss nachweisen können, dass die Voraussetzungen hierfür auch erfüllt sind, wozu in den meisten Fällen auch eine ausreichende Quellenangabe erforderlich ist.

5.1.7 Änderungsverbot

Sollten Sie ein Foto ohne Lizenz verwenden und sich dabei auf die gesetzlichen Ausnahmen berufen wollen, müssen Sie darauf achten, dass das Foto nur in sehr geringem Rahmen geändert werden darf. Allenfalls mag es zulässig sein, das Foto in seiner Größe zu verändern oder in ein anderes Dateiformat zu konvertieren, wenn dies für die Verwendung erforderlich ist.

Nicht zulässig sind alle Eingriffe, die die Bildaussage ändern oder in die Fotografie selbst eingreifen, z.B. durch einen anderen Zuschnitt oder eine Änderung der Farben der Fotografie aus ästhetischen Gründen.

Spätestens, wenn das Foto nicht mehr originalgetreu wiedergegeben wird, weil entfremdende Bilder bei der Aufnahme (z.B. Farbfilter) oder nachträgliche Retuschen und verfremdende digitale Bildbearbeitung eingesetzt werden, ist die Grenze der unzulässigen Änderung erreicht.

Beispiel

Eine Agentur lässt eine dauerhafte Kunstinstallation fotografieren, um mit den Fotos eine Veranstaltungsankündigung zu illustrieren. Um der Corporate Identity des Veranstaltungsausrichters gerecht zu werden, lässt die Agentur das Foto auf den Fotos in die Farben ihres Kunden umfärben. Damit verstößt sie jedoch gegen das gesetzliche Änderungsverbot (OLG Köln, Urteil vom 9.3.2012 – I-6 U 193/11, 6 U 193/11 – Liebe deine Stadt).

Kapitel 6

Fotos aus dem Internet

Das Internet ist eine schier unversiegbare Quelle an scheinbar kostenlosem und sehr günstigem Fotomaterial. Daneben bieten Fotoagenturen umfangreiche Online-Fotosammlungen mit Fotos für jeden Fall und Geschmack an. Oftmals wird das Internet aber fälschlicherweise als Selbstbedienungsladen verstanden, in dem Fotos ohne Gegenleistung für jedermann zur Verfügung stehen. Das ist allerdings nicht so, denn auch das Internet ist kein rechtsfreier Raum. Mit ein bisschen Hintergrundwissen ist es aber eine gute Quelle, um schnell und günstig an Fotomaterial zu kommen.

6.1   Stockfotos und Onlineagenturen

Im geschäftlichen Bereich ist es durchaus üblich, dass illustrierende Fotos nicht beauftragt, sondern online bei Agenturen eingekauft werden. Sie sind zwar in der Regel nicht kostenlos, aber meist günstiger als die Anfertigung einer Auftragsfotografie. Sie sind außerdem schnell und rund um die Uhr verfügbar und die Auswahl ist kaum überblickbar. Anbieter dieser »Fotos auf Vorrat«, der sogenannten Stockfotos, sind Bildagenturen und Stockfotobörsen.

In den letzten Jahren ist der Markt beinahe unüberschaubar groß geworden und dementsprechend unterschiedlich sind die vertraglichen Vereinbarungen, die zwischen Verwender und Agentur beim Fotokauf geschlossen werden. Allgemeingültige Angaben dazu, wie Stockfotos genutzt werden dürfen, sind daher nicht möglich. Im konkreten Fall hilft deshalb nur ein Blick in die Nutzungsbedingungen bzw. AGB der Anbieter.

Die nachfolgenden Grundlagen sind jedoch auf alle Agenturen und Bilddatenbanken übertragbar.

Vorsicht
Wenn Fotografen ihre Fotos kostenlos zur Verfügung stellen, erfolgt das zumeist aus Werbezwecken. Dementsprechend wichtig ist es ihnen, dass sie als Urheber bei dem Foto genannt werden. Zum Teil werden Verstöße gegen die Pflicht zur Urhebernennung von den Fotografen deshalb sehr streng verfolgt.

Wichtig

Alle hier vorgestellten Stockfotobörsen verbieten die Nutzung von Personenfotos im beleidigenden, pornografischen oder politischen Kontext.

Tipp

Soll das Foto für einen Verwendungszweck genutzt werden, der nicht von der Lizenz der Bildagentur gedeckt ist, lohnt es sich, bei der Agentur nach einer erweiterten oder individuellen Lizenz zu fragen. In der Regel sind die Agenturen auch für individuelle Lizenzmodelle offen.

6.1.1 Lizenzgrundlagen

Dem Fotografen stehen als Urheber der Fotografien allein sämtliche Verwertungsrechte an den Bildern zu, siehe Abschnitt 2.1.2. Dies umfasst sowohl die körperliche Verwertung, z.B. die Vervielfältigung der Fotografien in Printprodukten, als auch die digitalisierte Verwertung, z.B. die Veröffentlichung der Fotos auf Webseiten. Für den Vertrieb seiner Fotos räumt der Fotograf der jeweiligen Agentur das Recht ein, seine Fotos an beliebig viele Dritte zu lizenzieren. Die von der Agentur erteilten Lizenzen werden in den allermeisten Fällen als einfache Lizenzen erteilt und können an beliebig viele Lizenznehmer ausgegeben werden. Sie sollten also bei der Auswahl der Bilder beachten, dass diese auch von anderen beliebig oft verwendet werden können. Einige Agenturen bieten allerdings auch exklusives Bildmaterial an.

Wenn Sie Stockfotos erwerben, schließen Sie mit der Fotoagentur einen Lizenzvertrag, der Ihnen die erforderlichen Nutzungsrechte einräumt. Dieser regelt neben den den Lizenzbedingungen auch den Umfang der zulässigen Nutzung. Die Grundlagen des Lizenzvertrags haben wir in Kapitel 4 erörtert. Im Unterschied zu der Auftragsfotografie haben Sie allerdings bei dem Einkauf von Stockfotos selten ein Mitspracherecht, was die konkrete Ausgestaltung der Lizenzvereinbarung angeht. Dies bestimmt die jeweilige Agentur.

Die Bildagenturen bieten in der Regel verschiedene Lizenzmodelle an, die die Nutzungsrechte an den Fotografien bestimmen. Üblich sind Regelungen zu:

- Umfang der Lizenz (einfache oder exklusive Nutzungsrechte)
- Verwendungsort (z.B. Printmedien oder online)
- Nutzungszeitraum (Dauer der Nutzung)
- Räumliche Nutzung (z.B. national oder weltweit)
- Bearbeitungsrechte
- Lizenzgebühr
- Verwendungszweck (z.b. redaktionelle Zwecke, nichtkommerziell, zu Werbezwecken)

Will man die Fotos kommerziell, z.B. auf einer gewerblichen Webseite oder für Werbung verwenden, ist das Hauptaugenmerk insbesondere auf den Umfang des Verwendungszwecks zu richten. In diesem Fall müssen Sie beim Lizenzerwerb unbedingt darauf achten, dass diese Verwendungszwecke von der Lizenz umfasst sind.

Vorsicht

Häufig werden Lizenzen für die Verwendung zu unterschiedlichen Zwecken angeboten, z.B. redaktionelle Zwecke, kommerzielle Zwecke etc. Soll das Foto gewerblich genutzt werden, muss darauf geachtet werden, dass auch eine kommerzielle Lizenz erworben wird. In der Regel findet sich in den Nutzungsbedingungen der Agenturen eine Definition dessen, was diese unter kommerziell verstehen.

Beispiel

Getty Images unterscheidet zwei Nutzungsarten: Verwendung zu kommerziellen oder verkaufsfördernden Zwecken und die redaktionelle Verwendung, siehe Abschnitt 6.2.1. Fotografien, die für ausschließlich redaktionelle Zwecke lizenziert werden, dürfen nicht für die kommerzielle Verwendung sowie verkaufsfördernde Zwecke genutzt werden. Sie sind nur dazu bestimmt, im Zusammenhang mit Ereignissen oder Themen verwendet zu werden, die berichtenswert oder von Interesse für die Allgemeinheit sind. Die kommerzielle Nutzung definiert Getty Images insbesondere als Verwendung zur Werbung, Promotion, Empfehlung oder jeglicher Verkaufsförderung von Unternehmen, Anliegen, Produkten oder Dienstleistungen.

6.1.2 Quellenangabe

Wichtig bei der Nutzung von Stockfotos ist neben der Nutzung im Rahmen der Lizenz auch die richtige *Urhebernennung* bzw. *Quellenangabe* (je nach Anbieter wird auch von Urheberrechtsvermerk, Bild(quellen)nachweis, Bildquellenangabe oder Copyright-Informationen gesprochen). Viele Stockfotoagenturen vereinbaren in den Lizenzbedingungen eine Urhebernennung, die über die gesetzlichen Anforderungen hinausgeht und eher an eine Quellenangabe erinnert. Gibt der Verwender die Quelle nicht wie in den Lizenzbedingungen vorgesehen an, ist dies eine Vertragsverletzung, die unter Umständen empfindliche Vertragsstrafen oder den Entzug der Lizenz nach sich ziehen kann.

6.2 Die Nutzungsbedingungen der Agenturen im Einzelnen

Die wohl bekanntesten Stockfotoagenturen sind im Folgenden exemplarisch mit einem kleinen Einblick in die Nutzungsbedingungen aufgeführt.

Vorsicht
Die genauen Nutzungsbedingungen unterliegen häufig Änderungen, sodass die folgende Zusammenfassung nur ein erster Einblick sein kann und nicht alle Nutzungsvorgaben wiedergibt. Bevor Sie ein Foto verwenden oder sogar verkaufen oder an Dritte, z.B. Kunden, weitergeben wollen, sollten Sie sich deshalb unbedingt mit den Einzelheiten der Lizenzbestimmungen vertraut machen.

6.2.1 Getty Images

Getty Images bietet drei Arten von Lizenzmodellen: lizenzfrei (»RF«), rights-ready (»RR«) und lizenzpflichtig (»RM«). Lizenzfrei bedeutet in diesem Fall jedoch nicht, dass für die Lizenz keinerlei Kosten anfallen. Lizenzfrei bedeutet vielmehr, dass die Lizenzgebühr einmal bezahlt wird und bei der erneuten Nutzung der Inhalte keine zusätzlichen Lizenzgebühren anfallen.

Lizenzfreie Fotos dürfen kommerziell und in einer unbegrenzten Anzahl von Projekten verwendet werden und in jeglichem Medienformat, d.h. gedruckt und digital verwendet werden. Die Lizenz gilt weltweit und zeitlich unbeschränkt.

Werden Fotos als lizenzpflichtig oder rights-ready verkauft, sind nur bestimmte Arten der Nutzung zugelassen und das Honorar richtet sich nach Faktoren wie Größe, Platzierung, Verwendungsdauer und geografische Nutzung. Je nachdem, welche Nutzungsrechte Sie erworben haben, ist die Verwendung der Fotos auf die jeweilige Nutzung, das Medium, den Zeitraum, die Druckauflage, die Positionierung, die Größe des Inhalts, das ausgewählte Gebiet oder Sonstiges beschränkt.

Für einige Nutzungszwecke werden zusätzliche Lizenzgebühren fällig. Ausgenommen von den allgemeinen Lizenzen ist die Nutzung der Bilder für sogenannte On-Demand-Produkte, d.h. Produkte, bei denen das Lizenzbild durch einen Dritten zur Gestaltung des Produkts im Sinne einer Sonderanfertigung ausgewählt wird, zum Beispiel für selbst gestaltete T-Shirts. Ebenso bedarf es einer speziellen Lizenz, wenn die Fotos für elektronische Vorlagen genutzt werden sollen, etwa Vorlagen für Webseiten. Gleiches gilt für die Verwendung der Fotos in Marken oder Logos.

Sind Fotos als redaktionelle Inhalte oder editorial gekennzeichnet, ist die kommerzielle Nutzung ausgeschlossen, das heißt, diese Fotos dürfen nicht für kommerzielle Zwecke, Marketing-, Advertorial-, Sponsoring- oder Werbezwecke oder den Verkauf von Waren genutzt werden. Grund hierfür ist, dass für die Fotos keine Model oder Property Releases eingeholt wurden, deshalb dürfen sie nur zur Berichterstattung über Ereignisse oder Themen verwendet werden, die berichtenswert oder von Interesse für die Allgemeinheit sind. Außerdem ist die Bearbeitung dieser Fotos nur in sehr geringem Maße zulässig. Insbesondere dürfen keine Änderungen vorgenommen werden, die den Inhalt des Fotos verändern.

Sollen Fotografien, die nur zur Verwendung für redaktionelle Zwecke freigegeben sind, für Werbezwecke verwendet werden, müssen für jeden Einzelfall zusätzliche Lizenzrechte bei Getty Images eingekauft werden.

Ein *Bildquellennachweis* ist bei Getty Images nur bei redaktioneller Verwendung erforderlich. Dann hat er in der Form »[Name des Fotografen]/ [Name der Kollektion]/Getty Images« zu erfolgen und muss in enger räumlicher Nähe des Fotos angebracht werden, d.h. in der Regel direkt unter dem Foto oder in den Urhebervermerken.

Vorsicht

Getty Images behält sich vor, eine zusätzliche Gebühr bis zur fünffachen Standard-Lizenzgebühr zu erheben, wenn die Verwendung nicht innerhalb der Lizenzbedingungen erfolgt.

Tipp

Getty Images gewährt eine sogenannte Layout-Lizenz, das heißt, Bilder dürfen kostenlos zu Testzwecken oder als Muster 30 Tage nach dem Herunterladen genutzt werden, jedoch nicht in Endversionen oder öffentlich verfügbaren Materialien, wenn keine kostenpflichtige Lizenz erworben wird.

Hinweis

Die Lizenzbedingungen von Getty Images können unter *http://www.gettyimages.de/eula* abgerufen werden (Stand März 2017).

6.2.2 iStock

iStock ist die Stockfoto-Agentur von Getty Images, insofern ähneln sich die Lizenzbedingungen in einigen Teilen.

iStock bietet jedoch nur zwei Arten der Lizenz an: eine *Standardlizenz* und eine *erweiterte Lizenz*. Grundsätzlich beinhaltet jede heruntergeladene Datei eine Standardlizenz. Sollen weitere Rechte eingeräumt werden, braucht man eine erweiterte Lizenz, die natürlich auch zusätzlich kostet. Beide Lizenzen werden zeitlich und nicht exklusiv eingeräumt.

Erlaubt ist die kommerzielle Nutzung der Fotos digital (z.B. auf Webseiten, sozialen Netzwerken, in Onlinewerbung, Software, Präsentationen und E-Books) und als Druck (z.B. auf Produktverpackungen und in Zeitungen und Büchern), allerdings in unterschiedlichem Umfang. So dürfen Fotos mit einer Standardlizenz nicht in einer Auflage von mehr als 500.000 Stück in Printmedien vervielfältigt werden. Zudem dürfen sie nicht für den Verkauf bestimmter Produkte verwendet werden, wenn deren Wert überwiegend aus dem Foto besteht, wie z.B. bei Grußkarten, bedruckten Textilien, Kalendern, Postern etc. Auch für sogenannte On-Demand-Produkte, d.h. Produkte, bei denen das Lizenzbild durch einen Dritten zur Gestaltung des Produkts im Sinne einer Sonderanfertigung ausgewählt wird, ist eine erweiterte Lizenz erforderlich. Fotos mit einer Standardlizenz dürfen auch nicht für elektronische Vorlagen, die zum Weiterverkauf gedacht sind, genutzt werden, z.B. Vorlagen für Webseiten.

Doch auch, wenn Sie eine erweiterte Lizenz erwerben, unterliegt diese einer mengenmäßigen Beschränkung. Zwar dürfen Fotos dann für eine unbegrenzte Anzahl von Ausdrucken genutzt werden, bei den Produkten für den Wiederverkauf gibt es jedoch Limitierungen. Es dürfen nur bis zu 100.000 Postkarten, Grußkarten oder andere Karten, Briefpapier, Aufkleber und Papierprodukte, bis zu 10.000 Poster, Kalender oder ähnliche Veröffentlichungen, Becher oder Mousepads oder bis zu 2.000 T-Shirts, Sweatshirts oder andere Kleidungsstücke, Spiele, Spielzeuge, Unterhaltungsgüter wie CDs oder DVDs, gerahmte oder aufgezogene Kunstwerke mit dem Foto hergestellt werden. Danach muss eine neue Lizenz erworben werden.

iStock unterscheidet außerdem zwischen Fotos für *redaktionelle Nutzung* und für *nichtredaktionelle Nutzung*.

Sind Fotos als redaktionelle Inhalte oder editorial gekennzeichnet, ist die kommerzielle Nutzung ausgeschlossen, das heißt, diese Fotos dürfen nicht für kommerzielle Zwecke, Marketing-, Advertorial-, Sponsoring- oder Werbezwecke oder den Verkauf von Waren genutzt werden. Grund hierfür ist, dass für die Fotos keine Model oder Property Releases eingeholt wurden, deshalb dürfen sie nur zur Berichterstattung über Ereignisse oder Themen verwendet werden, die berichtenswert oder von Interesse für die Allgemeinheit sind – z.B. in einem Blog, Buch oder Zeitungs- oder Zeitschriftenartikel. Ein *Bildquellennachweis* ist bei iStock nur bei redaktioneller Verwendung erforderlich. Dann hat er in der Form *iStock.com/ Mitgliedsname des Künstlers* zu erfolgen und muss in enger räumlicher Nähe des Fotos angebracht werden, d.h. in der Regel direkt unter dem Foto oder in den Urhebervermerken.

Tipp
iStock erlaubt es, Fotos mit Wasserzeichen kostenlos herunterzuladen und zu Testzwecken oder als Muster zu verwenden. Dies ist praktisch, wenn z.B. Rücksprache mit Kunden genommen werden muss, ohne dass die Inhalte gleich kostenpflichtig erworben werden sollen. Die Fotos dürfen jedoch keinesfalls in Endversionen oder öffentlich zugänglich genutzt werden und müssen 30 Tage nach dem Herunterladen wieder gelöscht werden.

Hinweis
Die Lizenzbedingungen von IStock können unter folgender Adresse abgerufen werden: *http://www.istockphoto.com/de/legal/license-agreement* (Stand Juni 2017).

6.2.3 Shutterstock

Die Lizenzbedingungen von Shutterstock gleichen denen von iStock in weiten Teilen.

Shutterstock gewährt ein zeitlich unbegrenztes, nicht exklusives, nicht übertragbares Recht zur weltweiten Benutzung, Bearbeitung und Wiedergabe von Fotos soweit in der Lizenzbestimmung vorgesehen.

Es werden zwei Arten der Lizenz angeboten: eine *Standardlizenz* und eine *erweiterte Lizenz*. Beide erlauben die kommerzielle Nutzung der Fotos digital (z.b. auf Webseiten, sozialen Netzwerken, in Onlinewerbung, Software und E-Books) und als Druck (z.b. auf Produktverpackungen, Plakatwänden, Werbung für Printmedien, Zeitungen und Bücher), allerdings in unterschiedlichem Umfang.

So dürfen Fotos mit einer Standardlizenz nicht in einer Auflage von mehr als 500.000 Stück in Printmedien vervielfältigt werden. Zudem dürfen sie nicht auf für den Weiterverkauf bestimmten Produkten, etwa Textilien, Kalendern etc. genutzt werden.

Fotos mit einer erweiterten Lizenz dürfen zudem noch für Handelsartikel wie Poster, Kalender, Grußkarten etc., Wanddekorationen in Geschäftsräumen und für den Verkauf bestimmte digitale Vorlagen, z.B. für Webseiten, verwendet werden.

Auch Shutterstock unterscheidet zwischen Fotos für *redaktionelle Nutzung* und für *nichtredaktionelle Nutzung*.

Fotos, die ausschließlich für redaktionelle Nutzung vorgesehen sind, dürfen nicht für gewerbliche Zwecke genutzt werden. Was gewerblich ist, definieren die Lizenzbedingungen nicht, allerdings kann man davon ausgehen, dass jede Nutzung, die nicht zum Zweck der Berichterstattung oder ausschließlich privat erfolgt, einen gewerblichen Charakter hat.

Ein *Bildquellennachweis* ist bei Shutterstock für Fotos mit Standardlizenz nur bei redaktioneller Verwendung erforderlich, d.h. bei der Verwendung der Fotos in Verbindung mit Nachrichtenberichterstattung, Kommentaren, Veröffentlichungen oder anderem redaktionellem Kontext.

Er hat in der Form »Name des Künstlers/Shutterstock.com« zu erfolgen.

Für Fotos mit erweiterter Lizenz soll er nur dann angebracht werden, wenn die Fotos auf Handelsartikeln – Textilien, künstlerischen Darstellungen, Magneten, Postern, Kalendern, Spielwaren, Schreibwaren, Grußkarten und jeglichen sonstigen materiellen Reproduktionen, die für den Weiterverkauf oder Vertrieb vorgesehen sind – verwendet werden oder wenn bei anderen Stockmedien ein Quellennachweis im Zusammenhang mit derselben Nutzung erforderlich ist. In diesem Fall erfolgt die Quellenangabe in der Form »Bild(er), die mit Lizenz von Shutterstock.com verwendet werden«.

Hinsichtlich der konkreten Durchführung der Quellenangabe verlangt Shutterstock nur, dass Größe, Farbe und Platzierung des Quellennachweises und Autorenvermerks so zu wählen ist, dass diese mit bloßem Auge deutlich und leicht lesbar sind.

Hinweis
Die Lizenzbedingungen von Shutterstock können unter *http://www.shutterstock.com/de/license* abgerufen werden (Stand August 2017).

6.2.4   Adobe Stock

Die Lizenzbedingungen der hauseigenen Stockfoto-Agentur des Softwareriesen Adobe, Adobe Stock, (ehemals Fotolia) sind denen von Shutterstock sehr ähnlich. Auch Adobe Stock bietet eine *Standardlizenz* und eine *erweiterte Lizenz* an, zusätzlich gibt es noch eine *Plus-Lizenz*. Die Lizenzen werden nicht ausschließlich, unbefristet und weltweit gültig eingeräumt.

Alle vorgenannten Lizenzen erlauben die kommerzielle Nutzung der Fotos. Dies gilt nicht für Fotos, die nur zur redaktionellen Verwendung verwendet werden dürfen.

Mit der Standardlizenz können Fotos für illustrative Zwecke in sämtlichen Medien genutzt werden, z.B. für Print-Erzeugnisse, Präsentationen, Websites, E-Books und in sozialen Netzwerken. Wie auch bei Shutterstock sind jedoch verschiedene Verwendungsarten limitiert, z.B. dürfen elektronische und gedruckte Dokumente nur in einer Auflage von insgesamt maximal 500.000 Stück angefertigt werden. Soll das Foto in ein Video einer anderen digitalen Produktion aufgenommen werden, ist dies nur zulässig, wenn nicht mit mehr als 500.000 Zuschauern zu rechnen ist. Dies gilt jedoch nicht, wenn das Foto auf einer Webseite, in sozialen Medien oder mobilen Anwendungen veröffentlicht wird.

Außerdem dürfen Fotos mit einer Standardlizenz zwar für zum Weiterverkauf gedachte Produkte verwendet werden, allerdings nur dann, wenn das Foto stark verändert wurde oder der Wert der Handelsware nicht in dem Foto selbst liegt. Der Verkauf eines Posters mit der Fotografie wäre dementsprechend unzulässig. Außerdem verbietet auch Adobe Stock die Verwendung von Fotos mit Standardlizenzen in elektronischen Vorlagen, z.B. für Webseiten.

Sie dürfen das Foto auch nicht mit einer Pressemitteilung, die die Verteilung der Einzelbilddatei an die Medien einschließt, verwenden.

Möchten Sie über die Beschränkung der 500.000 Stück bei Printwerken hinausgehen, benötigen Sie eine Plus-Lizenz. Diese umfasst alle Nutzungsrechte der Standardlizenz, ist jedoch nicht auf eine Höchstauflage beschränkt.

Sollen die Fotos für eigene, zum Weiterverkauf bestimmte Waren, elektronische Vorlagen und Designvorlagen oder Pressemitteilungen verwendet werden, ist eine erweiterte Lizenz notwendig. Diese erlaubt im Gegensatz zu anderen Stockfotolizenzen, das Foto auch für On-Demand-Produkte, wie T-Shirts, Tassen, Handyhüllen etc., zu verwenden, die auf Kundenwunsch angefertigt werden.

Auch Adobe Stock unterscheidet zwischen redaktionellen und nicht redaktionellen Fotos. Fotos, die ausschließlich für redaktionelle Nutzung vorgesehen sind, dürfen nicht für kommerzielle Zwecke (Werbung, Anzeigen), sondern ausschließlich redaktionell genutzt werden. Unter Werbung fallen insbesondere auch Advertorials, also Werbeanzeigen, die den Anschein eines redaktionellen Beitrags erwecken sollen. Mit redaktioneller Weise ist gemeint, dass Sie diese Fotos im Zusammenhang mit Ereignissen verwenden dürfen, die berichtenswert oder von kulturellem Interesse sind, in der Regel also in Zeitungen oder Zeitschriften-Artikeln, Blogs oder ähnlichen Medien. Außerdem dürfen redaktionelle Fotos nur geringfügig bearbeitet werden, d.h. höchstens in der Qualität angepasst werden. Dies darf jedoch keinen Einfluss auf den redaktionellen Kontext des Fotos haben.

Der *Bildquellennachweis* ist nach der Lizenz von Adobe Stock nur bei der redaktionellen Nutzung der Fotos oder bei der Verwendung in sozialen Medien erforderlich, und zwar in der Form »Name des Urhebers/ stock.adobe.com« oder wie auf der Adobe-Stock-Website angegeben. Wird das Foto in sozialen Medien verwendet, muss der Bildquellennachweis auf dem Foto selbst angebracht werden.

Vorsicht
Wenn Sie Bilder von Adobe Stock auf Ihrer Webseite veröffentlichen, müssen Sie sicherstellen, dass sie von Dritten nicht heruntergeladen werden können.

Hinweis
Die Lizenzbedingungen von Adobe Stock können unter *http://www.adobe.com/content/dam/acom/de/legal/servicetou/Adobe_Stock_Terms-de_DE-20170501_2200.pdf* abgerufen werden (Stand Mai 2017).

6.2.5   Depositphotos

Auch die Stockfotoagentur Depositphotos unterscheidet zwischen einer *Standardlizenz* und einer erweiterten *Lizenz*. Beide Lizenzen gewähren ein nicht ausschließliches, unbefristetes, weltweites, nicht übertragbares und nicht unterlizenzierbares Nutzungsrecht.

Erlaubt ist jeweils eine kommerzielle Nutzung in digitaler und gedruckter Form z.B. auf Webseiten und Werbebannern, E-Books, in Zeitschriften, auf Produktverpackungen und Kleidung.

Wie auch bei anderen Stockfotoagenturen ist die Auflage für Kopien oder Drucke in Printmedien bei der Standardlizenz auf 500.000 Stück begrenzt.

Anders als z.B. Adobe Stock erlaubt Depositphotos aber auch die Nutzung der Fotos auf Handelswaren unter Standardlizenz, wenn sie nur eine untergeordnete Rolle spielen. Ein Foto stellt eine untergeordnete Rolle dar, wenn es nur ein beiläufiger Teil eines Produkts ist, diesem Produkt keinen beachtlichen Wert hinzufügt und nicht die Kundenentscheidung für dieses Produkt beeinflusst. Prägt das Foto die Ware oder erhöht es ihren Eigenwert, muss eine erweiterte Lizenz eingeholt werden.

Tipp
Da die Abgrenzung zwischen unter- und übergeordneter Rolle schwierig sein kann, empfiehlt es sich, eine erweiterte Lizenz einzuholen, wenn das Foto auf einem Produkt zum Weiterverkauf angebracht werden soll.

Daneben bietet Depositphotos auch Fotos für rein redaktionelle Zwecke an, die nicht für kommerzielle oder Werbezwecke genutzt werden dürfen. Diese sind mit »nur für redaktionelle Verwendung« gekennzeichnet. Als Beispiele für eine zulässige Nutzung nennt Depositphotos u.a. die Verwendung in Zeitungen, Zeitschriften usw., in Artikeln oder Veröffentlichungen auf Blogs oder Websites, in Artikeln und Veröffentlichungen in Enzyklopädien und Referenzbüchern.

Einen *Bildquellennachweis* fordert Depositphotos nur bei rein redaktioneller Nutzung. Die Angabe zum Copyright muss Folgendes enthalten: »[Name oder Spitzname des Anbieters (Autors)] /Depositphotos.com]«. Außerdem soll ein Link zu depositphotos.com angegeben werden.

> ## Hinweis
>
> Die Lizenzbedingungen von Depositphotos können unter *http:// de.depositphotos.com/license.html* abgerufen werden (Stand November 2016).

6.2.6 Kostenlose Stockfotos – Pixelio

Pixelio ist im Gegensatz zu den vorgenannten Agenturen als Stockfotoagentur so interessant, weil die Fotos dort ausschließlich kostenlos angeboten werden. Etwas traurige Berühmtheit erlangte die Agentur jedoch dadurch, dass einige der dort anbietenden Fotografen verstärkt Fotoverwender abgemahnt hatten, die die Urhebernennung ihrer Ansicht nach nicht korrekt vorgenommen hatten. Insofern ist bei der Nutzung von Pixelio-Fotos diesbezüglich besondere Sorgfalt ratsam. Für die kommerzielle Nutzung ist Pixelio eher nicht geeignet.

Bei den Lizenzen unterscheidet Pixelio zwischen der *redaktionellen Nutzung* und der *redaktionellen und kommerziellen Nutzung*. Fotos, die nur zur redaktionellen Nutzung freigegeben sind, dürfen nicht zu Werbezwecken, z.B. in Werbeanzeigen oder in Werbebannern, genutzt werden. Dies ist nur bei Fotos erlaubt, die zur kommerziellen Nutzung freigegeben sind.

Keine der Lizenzen erlaubt die Abbildung der Fotos auf Handelswaren, wie Textilien, Kalender, Druckschriften etc., die zum Weiterverkauf bestimmt sind.

Beide Lizenzen räumen zudem nur ein beschränktes Bearbeitungsrecht ein. Die Fotos dürfen nur hinsichtlich der Bildgröße (Vergrößerung, Verkleinerung, Beschneidung), Umwandlung der Farbinformationen und der Farb-, Kontrast- und Helligkeitswerte geändert werden. Alle darüber hinaus gehenden Bearbeitungen stehen nur dem Fotografen zu.

In jedem Fall der Verwendung muss ein *Bildquellennachweis* in der Form »© Fotografenname/ PIXELIO« am Foto, oder sollte das nicht möglich sein, am Seitenende angebracht werden. Die Bildquellennachweise lassen sich über die jeweilige Downloadseite des Fotos auffinden.

Bei Nutzung im Internet oder digitalen Medien muss zudem der Hinweis auf Pixelio in Form eines Links zu *www.pixelio.de* erfolgen. Nach den Bestimmungen von Pixelio reicht es nicht, dass der Bildquellennachweis im Impressum angegeben wird.

Nur der Link zu Pixelio darf ins Impressum verbannt werden. Der Bildquellennachweis muss am Bild oder am Ende der Seite, auf der das Bild verwendet wird, erscheinen. Auch ein Mouse-over reicht ausdrücklich nicht.

Wird der Bildquellennachweis nicht direkt am Bild gegeben oder gibt es auf der Seite mehrere Bilder, muss der Bildquellennachweis dem Foto zugeordnet werden können, z.B. indem man das Bild oder die Position des Bildes beschreibt und dann den Bildquellennachweis angibt.

Pixelio bietet auf seiner Webseite sehr hilfreiche FAQ an, in denen auch verschiedene Beispielbilder aufgeführt sind, anhand derer Sie die korrekte Angabe des Bildquellennachweises gut nachvollziehen können.

Hinweis
Die Lizenzbedingungen von Pixelio können unter den folgenden Adressen abgerufen werden: *http://www.pixelio.de/static/lizenzvertrag_redaktionell* und   *http://www.pixelio.de/static/lizenzvertrag_redaktionell_und_ kommerziell* (Stand Mai 2017).

6.3   Creative-Commons-Lizenzen

Viele Fotos im Internet werden unter der sogenannten Creative-Commons-Lizenz kostenlos angeboten. Hintergrund ist dabei, dass es häufig für Fotografen nicht möglich oder unpraktikabel ist, umfangreiche Lizenzmodelle zu erarbeiten oder sogar individuelle Lizenzvereinbarungen mit den Bildverwendern zu treffen. Dies lohnt sich meist nur bei professionellen Auftragsarbeiten oder für großen Bildagenturen. Ein (Hobby-)Fotograf, der seine Bilder schnell und ohne großen rechtlichen Aufwand einer unbestimmten Anzahl von Personen anbieten will, braucht vorformulierte, eindeutige und leicht verständliche Lizenzbedingungen. Und auch der Verwender will sich nicht jedes Mal in umfangreiche Nutzungsbedingungen einlesen müssen, sondern möchte möglichst schnell erkennen können, ob er ein Foto für seine Zwecke nutzen kann oder nicht.

Dieses Problem erkannte und löste die Non-Profit-Gesellschaft Creative Commons. Die Creative Commons wurde 2001 in den USA gegründet, seit einigen Jahren gibt es auch eine deutsche Tochtergesellschaft, die Creative Commons Deutschland. Als gemeinnützige Organisation erstellt die Creative Commons standardisierte Lizenzmodelle, die sogenannten *Creative Commons Public Licences*, kurz *CCPL* (auch *CC-Lizenz* genannt), die sich auf jedes urheberrechtlich geschützte Werk anwenden lassen. Die Lizenzmodelle werden in drei Versionen dargestellt: als laienverständliche Kurzfassung (*Commons Deed*), als juristisch verfasste und rechtlich bindende Langfassung und als maschinenlesbare Fassung, die ein Auffinden der Lizenzen durch Suchmaschinen ermöglicht.

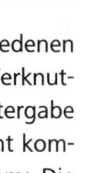

Hinweis

Alle Lizenzbedingungen könnten über die Seite der Creative Commons Deutschland unter *https://creativecommons.org/licenses/* abgerufen werden.

Insgesamt gibt es *sechs unterschiedliche Lizenzen*, die in verschiedenen Abstufungen eine sehr enge bis hin zu einer sehr freizügigen Werknutzung erlauben. Sie regeln Fragen der Namensnennung, der Weitergabe des Werks, der Bearbeitung und seiner kommerziellen oder nicht kommerziellen Nutzung. Eins haben alle Lizenzen jedoch gemeinsam: Die Werke werden immer *kostenfrei* zur Verfügung gestellt und es sind *Angaben zum Urheber und zum Foto* anzubringen.

Inzwischen sind im Internet mehr als eine Milliarde Werke unter einer CC-Lizenz abrufbar. Auch große Plattformen wie Wikipedia, Wikimedia und Flickr nutzen die CC-Lizenz für ihre Inhalte. Der große Erfolg der CC-Lizenz liegt auf der Hand: Der Fotograf kann seine Fotografien schnell verbreiten und schafft Rechtssicherheit, indem er deutlich macht, wie seine Fotografien zu verwenden sind, schützt aber gleichzeitig seine Urheberrechte. Aber auch für den Verwender sind CC-Lizenz-lizenzierte Werke interessant, da die Werke kostenfrei sind und der Verwender durch die standardisierten Lizenzen schnell erkennen kann, ob und wie er das Werk nutzen darf.

Die ursprünglichen CC-Lizenzen stammen aus dem amerikanischen Rechtsraum und sind dementsprechend auf das US-amerikanische Urheberrecht zugeschnitten. Es gib allerdings auch sogenannte portierte Fassungen, die an das jeweilige nationale Recht angepasst sind. Die aktuelle Fassung der amerikanischen CC-Lizenz ist 4.0, die seit Januar 2017 auch als offiziell übersetzte Version für Deutschland zur Verfügung steht. Es steht dem Fotografen frei, sein Werk unter die deutsche, portierte Lizenzfassung zu stellen oder die ursprüngliche, unportierte Version zu verwenden. Da es sich bei der CC-Lizenz nach deutschem Recht um Allgemeine Geschäftsbedingungen (AGB) handelt, gehen Unklarheiten einer englischsprachigen Fassung allerdings zulasten des Fotografen. Es bleibt dem Fotografen unbenommen, neben der CC-Lizenz noch individuelle Lizenzen oder ergänzende Vereinbarungen mit dem Verwender zu treffen. Eine einmal erteilte CC-Lizenz ist jedoch unwiderruflich.

Um ein Werk mit einer CC-Lizenz zu kennzeichnen, gibt es einen Symbol- und Buchstabencode, der eine Erfassung der erlaubten Nutzungsarten auf einen Blick erlaubt. Die Lizenzen unterscheiden sich dabei nur in drei Punkten, die unterschiedlich miteinander kombiniert werden: die Zulässigkeit der *Bearbeitung* eines Werks, die *Weitergabe* einer Abwandlung des Werks und die *Nutzung für kommerzielle Zwecke*.

Hinweis
Es werden die folgenden Codes verwendet:
‣ by – Namensnennung
‣ nc – keine kommerzielle Nutzung (Non-Commercial)
‣ nd – keine Bearbeitung (No Derivatives)
‣ sa – Weitergabe unter gleichen Bedingungen (Share Alike)

Ansonsten stimmen die Lizenzen in weiten Teilen überein, sodass es einige generelle Aussagen über die Punkte gibt, die man bei allen Lizenzen beachten muss:

6.3.1 Allgemeine Bedingungen

Bei der Verwendung der Fotos ist immer eine *Kopie der Lizenzbedingungen* beizufügen. Im Internet reicht eine Verlinkung zu dem Lizenztext, z.b. auf die Unterseite der jeweiligen Lizenz auf creativecommons.org. Bei einer Nutzung abseits des Internets muss der Link zu den Lizenzbedingungen angegeben werden. Alternativ kann auch der Lizenztext in gedruckter Form beigefügt werden.

Daneben sind Informationen zu *Urheber, Quelle und Informationen über Veränderungen* anzubringen.

Das Werk darf *nicht unterlizenziert* werden, das heißt, der Verwender darf seinerseits keine Lizenzen an dem Werk erteilen. Das Werk darf aber weitergegeben werden.

Wenn Sie die Fotos verwenden, dürfen Sie auch Ihrerseits keine Vertrags- oder Nutzungsbedingungen anbieten, die Bedingungen oder die Rechte der jeweiligen CC-Lizenz beschränken.

Beispiel

Gewährt eine CC-Lizenz die kommerzielle Nutzung, darf der Verwender nicht durch seine Nutzungsbedingungen festlegen, dass von ihm verwendete Fotografien ausschließlich nicht kommerziell genutzt werden dürfen.

Umgekehrt dürfen Sie natürlich auch keine weitergehenden Rechte an den Fotos einräumen.

Bei der Veröffentlichung des Fotos dürfen Sie auch keine technischen Maßnahmen ergreifen, die weitere Nutzer in der Ausübung der durch die Lizenz gewährten Rechte beschränken. Dies könnte z.B. ein Kopierschutz sein, denn dadurch kann der Nutzer das Werk nicht vervielfältigen.

Kurz: Es dürfen keine zusätzlichen Klauseln oder technische Verfahren eingesetzt werden, die anderen rechtlich oder technisch irgendetwas untersagen, was die Lizenz erlaubt.

Die Urheberpersönlichkeitsrechte, wie sie in Abschnitt 2.1.1 beschrieben werden, bleiben von der CC-Lizenz im Übrigen unberührt. Dies gilt insbesondere bezüglich der Urhebernennung und des Schutzes vor Entstellung.

6.3.2 Urheber- und Rechteangaben und Änderungen

Hinweis
Am Foto müssen immer genannt werden, soweit dem Verwender bekannt: ▸ Name des Rechteinhabers   ▸ Name des- oder derjenigen, dem Rechte zugeschrieben wurden   ▸ Titel der Fotografie   ▸ Link zur Fotografie oder deren Quelle   ▸ Link zur Lizenz   ▸ Änderungen durch den Verwender oder Dritte (Dritte nur bei 4.0-Lizenz)   ▸ Urheberrechtshinweise (wenn der Fotograf diese angegeben hat)

Bei der Veröffentlichung der Fotografie müssen Sie bestimmte Urheber- und Quellenangaben zwingend vornehmen und angeben, ob Änderungen vorgenommen wurden.

Die Angaben müssen aber nur dann gemacht werden, wenn Sie Ihnen bekannt sind. In der Regel wird ein Fotograf bei der Veröffentlichung seines Fotos unter einer CC-Lizenz aber die Angaben veröffentlichen, die er zukünftig an der Fotografie sehen möchte, da er meist ein erhebliches werbliches Interesse an der Nennung seines Namens hat.

Sofern bekannt, müssen die Urheber- und Rechteangaben umfassen:

▸ Den Namen (oder das Pseudonym, falls ein solches verwendet wird) des Rechteinhabers, in der Regel des Fotografen

▸ Wenn der Rechteinhaber eine Zuschreibung an Dritte vorgenommen hat (z.B. an eine Stiftung, ein Verlagshaus oder eine Zeitung), den Namen bzw. Bezeichnung dieses oder dieser Dritten

▸ den Titel der Fotografie

▸ einen Link zur Quelle der Fotografie, sofern der Lizenzgeber einen solchen angegeben hat, oder zum Fotografen

▸ Die Angabe, unter welcher Lizenz das Foto angeboten wird

▸ Änderungen, die Sie an dem Foto vorgenommen haben

Wird das Bild im Internet verwendet, können die Links auch jeweils hinter dem Titel und der Lizenzbeschreibung hinterlegt werden. Bei einer Off-line-Verwendung, z.B. in Druckerzeugnissen müssen sie ausgeschrieben werden.

Abb. 6.1: Die Urheber- und Rechteangaben für dieses Foto lauten: »Affen im Tempel« [Link zur Bildquelle] von Marie Slowioczek-Mannsfeld, lizenziert unter CC BY 4.0 [https://creativecommons.org/licenses/by/4.0/]

Sofern das Foto *bearbeitet* wird, muss angegeben werden, dass es sich um eine Änderung handelt. Eine Änderung ist jede Veränderung, Bearbeitung oder Umgestaltung der Fotografie, solange sie in dem neuen Werk noch erkennbar bleibt. Dies kann wie folgt aussehen:

Abb. 6.2: Im Fall der Bearbeitung muss Folgendes angegeben werden: »Affen im Tempel« [Link zur Bildquelle] von Marie Slowioczek-Mannsfeld, gespiegelt von Max Mustermann, lizenziert unter CC BY 4.0 [https://creativecommons.org/licenses/by/4.0/]

Abb. 6.3: Die Urheber- und Rechteangaben für dieses Foto lauten im Fall der Bearbeitung: »Affen im Tempel« [Link zur Bildquelle] von Marie Slowioczek-Mannsfeld, neuer Ausschnitt von Max Mustermann, lizenziert unter CC BY 4.0 [https://creativecommons.org/licenses/by/4.0/]

Tipp
Eine gute Übersicht über richtige und falsche Angaben bietet die Creative Commons Gesellschaft unter *https://wiki.creativecommons.org/wiki/Best_practices_for_attribution* an.

Nach der CC-Lizenz 3.0 muss eine Veränderung angegeben werden, die der Verwender vornimmt. Bei einer CC-Lizenz 4.0 müssen zudem Hinweise auf vorherige Abwandlungen angebracht bzw. an dem Foto belassen werden.

Abb. 6.4: Bei einer CC-Lizenz 4.0 lauten die Urheber- und Rechteangaben im Fall der Bearbeitung: »Affen im Tempel« [Link zur Bildquelle] von Marie Slowioczek-Mannsfeld, neuer Ausschnitt von Max Mustermann, gespiegelt von Erika Musterfrau, lizenziert unter CC BY 4.0 [https://creativecommons.org/licenses/by/4.0/]

Geht das Foto in einem *neuen Werk* auf und wird es darin verarbeitet, müssen die Angaben des ursprünglichen Werks mit aufgenommen werden. Dies könnte wie folgt lauten:

Das Bild »Neues Werk« ist ein Derivat von »Affen im Tempel« [Link zur Bildquelle] von Marie Slowioczek-Mannsfeld, lizenziert unter CC BY 4.0 [https://creativecommons.org/licenses/by/4.0/] »Neues Werk« ist lizenziert unter Creative Commons BY-SA 3.0 von Neuer Urheber.

Diese Angaben müssen in unmittelbarer Nähe zum Foto angegeben werden, idealerweise darunter, sodass für Außenstehende ein Zusammenhang deutlich wird. Die Angaben müssen sichtbar bleiben, eine Angabe per Mouse-over reicht nicht. Ist die Angabe direkt am Foto nicht möglich, können sie in einem Quellen- oder Bildnachweis aufgeführt werden, der z.B. im Impressum stehen kann. Wichtig ist, dass der Nachweis dem Foto zugeordnet werden kann, z.B. durch eine Seitenangabe oder eine Beschreibung des Bildes.

Wichtig
Für den Umstand, dass ein Foto unter einer CC-Lizenz zur Verfügung gestellt wurde, sind Sie als Verwender beweispflichtig. Deshalb sollten Sie unbedingt Nachweise diesbezüglich sichern, z.B. Screenshots der Bildquelle im Internet, aus denen sich ergibt, dass das Foto unter CC-Lizenz angeboten wurde. Wird die Bildquelle später gelöscht oder ändert der Fotograf die Angaben nachträglich, wird es Ihnen nur sehr schwer gelingen, die notwendigen Beweise zu erbringen.

6.3.3 Die Lizenzen im Einzelnen

by – Namensnennung

Dies ist die am weitesten gehende Lizenz. Der Verwender ist nur zur Angabe der allgemeinen, oben genannten Informationen verpflichtet. Es ist erlaubt, das Foto zu verwenden und zu bearbeiten, auch zu kommerziellen Zwecken.

▸ **Angaben**
Es sind die allgemeinen Angaben zum Fotografen, der Quelle, dem Werk, Änderungen und der Lizenz zu machen, wie sie eingangs beschrieben wurden.

▸ **Nutzung**

Der Verwender darf die Fotografie uneingeschränkt vervielfältigen, veröffentlichen, bearbeiten, in jedem Medium und jedem Format. Das Foto darf verändert und zu einem neuen Werk verarbeitet werden. Dies alles sowohl im kommerziellen als auch im nicht kommerziellen Bereich.

by-sa – Namensnennung – Weitergabe unter gleichen Bedingungen

Diese Lizenz schränkt die Weitergabe einer Abwandlung der Fotografie ein.

▸ **Angaben**

Es sind die allgemeinen Angaben zum Fotografen, der Quelle, dem Werk, Änderungen und der Lizenz zu machen, wie sie eingangs beschrieben wurden.

▸ **Nutzung**

Der Verwender darf die Fotografie uneingeschränkt vervielfältigen, veröffentlichen, bearbeiten, in jedem Medium und jedem Format. Das Foto darf verändert und zu einem neuen Werk verarbeitet werden. Dies alles sowohl im kommerziellen als auch im nicht kommerziellen Bereich.

Wird das Werk durch den Verwender bearbeitet oder abgewandelt, darf diese Version *nur unter der gleichen oder einer vergleichbaren Lizenz veröffentlicht werden*, es sei denn, durch die Verarbeitung ist ein völlig neues Werk entstanden. Die Anforderungen hieran sind aber sehr hoch, insbesondere darf das Ausgangswerk in dem neuen Werk dann nicht mehr erkennbar sein.

Wichtig
Wenn das Foto in ein neues Werk aufgenommen oder sichtbar bearbeitet wird, ist ein Hinweis darauf aufzuführen, in welcher Form das Foto in der Bearbeitung eingegangen ist. Das kann z.B. erfolgen durch »Ausschnitt eines Fotos von ...«.

Vorsicht
Ist in dem Bild ein Copyright-Hinweis des Fotografen angebracht, z.B. ein Wasserzeichen, darf dies weder durch Beschneidung noch andere Bearbeitung entfernt werden (OLG Köln, Urteil vom 31.10.2014, Az: I-6 U 60/14, 6 U 60/14).

by-nd – Namensnennung, keine Bearbeitung

Diese Lizenz verbietet die Bearbeitung der Fotografie.

▸ **Angaben**

Es sind die allgemeinen Angaben zum Fotografen, der Quelle, dem Werk und der Lizenz zu machen, wie sie eingangs beschrieben wurden.

▸ **Nutzung**

Der Verwender darf die Fotografie uneingeschränkt in jedem Medium und jedem Format vervielfältigen und veröffentlichen. Dies alles sowohl im kommerziellen als auch im nicht kommerziellen Bereich.

Das Foto darf allerdings *nicht verändert* werden, es sei denn, es ist technisch notwendig, um eine ansonsten erlaubte Nutzung zu ermöglichen. Das bedeutet, dass Fotografien beispielsweise in ein anderes Dateiformat formatiert werden oder in eine geringere Größe skaliert werden dürfen. Sichtbare Veränderungen, selbst Zuschnitte, sind aber untersagt.

by-nc – Namensnennung, nicht kommerziell

Diese Lizenz verbietet die kommerzielle Nutzung von Fotografien.

▸ **Angaben**

Es sind die allgemeinen Angaben zum Fotografen, der Quelle, dem Werk und der Lizenz zu machen, wie sie eingangs beschrieben wurden.

▸ **Nutzung**

Der Verwender darf die Fotografie uneingeschränkt in jedem Medium und jedem Format vervielfältigen, veröffentlichen und bearbeiten. Das Foto darf verändert und zu einem neuen Werk verarbeitet werden. Die Rechteeinräumung gilt allerdings nur für *nicht kommerzielle Zwecke*. Eine Nutzung für kommerzielle Zwecke wird nicht erlaubt. Nicht kommerziell meint eine Nutzung, die nicht vorrangig auf einen geschäftlichen Vorteil oder eine geldwerte Vergütung ausgerichtet ist.

by-nc-sa – Namensnennung, nicht kommerziell, Weitergabe unter gleichen Bedingungen

Diese Lizenz schränkt die Weitergabe von Abwandlungen ein und verbietet die kommerzielle Nutzung von Fotografien. Dies ist die strengste aller CC-Lizenzen.

▸ **Angaben**

Es sind die allgemeinen Angaben zum Fotografen, der Quelle, dem Werk, Änderungen und der Lizenz zu machen, wie sie eingangs beschrieben wurden.

▸ **Nutzung**

Der Verwender darf die Fotografie uneingeschränkt in jedem Medium und jedem Format vervielfältigen, veröffentlichen und bearbeiten. Das Foto darf verändert und zu einem neuen Werk verarbeitet werden. Die Rechteeinräumung gilt allerdings nur für *nicht kommerzielle Zwecke*. Eine Nutzung für kommerzielle Zwecke wird nicht erlaubt. Nicht kommerziell meint eine Nutzung, die nicht vorrangig auf einen geschäftlichen Vorteil oder eine geldwerte Vergütung ausgerichtet ist.

Wird das Werk durch den Verwender bearbeitet oder abgewandelt, darf diese Version *nur unter der gleichen oder einer vergleichbaren Lizenz veröffentlicht werden*, es sei denn, durch die Verarbeitung ist ein völlig neues Werk entstanden. Die Anforderungen hieran sind aber sehr hoch, insbesondere darf das Ausgangswerk in dem neuen Werk dann nicht mehr erkennbar sein.

Das Foto darf außerdem nicht verändert werden, es sei denn, es ist technisch notwendig, um eine ansonsten erlaubte Nutzung zu ermöglichen. Das bedeutet, dass Fotografien beispielsweise in ein anderes Dateiformat formatiert werden oder in eine geringere Größe skaliert werden dürfen. Sichtbare Veränderungen, selbst Zuschnitte, sind aber untersagt.

by-nc-nd – Namensnennung, nicht kommerziell, keine Bearbeitung

Diese Lizenz schränkt die Weitergabe von Abwandlungen ein und verbietet die kommerzielle Nutzung und die Bearbeitung der Fotografien.

▸ **Angaben**

Es sind die allgemeinen Angaben zum Fotografen, der Quelle, dem Werk und der Lizenz zu machen, wie sie eingangs beschrieben wurden.

▸ **Nutzung**

Der Verwender darf die Fotografie uneingeschränkt in jedem Medium und jedem Format vervielfältigen, veröffentlichen und bearbeiten.

Die Rechteeinräumung gilt allerdings nur für *nicht kommerzielle Zwecke*. Eine Nutzung für kommerzielle Zwecke wird nicht erlaubt. Nicht kommerziell meint eine Nutzung, die nicht vorrangig auf einen geschäftlichen Vorteil oder eine geldwerte Vergütung ausgerichtet ist.

Das Foto darf zudem *nicht verändert* werden, es sei denn, es ist technisch notwendig, um eine ansonsten erlaubte Nutzung zu ermöglichen. Das bedeutet, dass Fotografien beispielsweise in ein anderes Dateiformat formatiert werden oder in eine geringere Größe skaliert werden dürfen. Sichtbare Veränderungen, selbst Zuschnitte, sind aber untersagt.

Übersicht

Buchstaben-Code	Zeichen	Namens-nennung	Uneinge-schränkte Weitergabe	Bearbeitung zulässig	Kommerzielle Nutzung
by	ⓘ	Ja	Ja	Ja	Ja
by-sa	ⓘ ⓢ	Ja	Nein	Ja	Ja
by-nd	ⓘ ⊜	Ja	Ja	Nein	Ja
by-nc	ⓘ ⓢ	Ja	Ja	Ja	Nein
by-nc-sa	ⓘ ⓢ ⓢ	Ja	Nein	JA	Nein
by-nc-nd	ⓘ ⓢ ⊜	Ja	Ja	Nein	Nein

Public Domain

Neben den oben genannten CC-Lizenzen gibt es noch die Lizenz CC0 1.0. Steht ein Foto unter dieser Lizenz, ist es »Public Domain«, also gemeinfrei. Das bedeutet, dass der Urheber weltweit auf alle urheberrechtlichen und verwandten Schutzrechte verzichtet hat. Jedermann kann dieses Foto kopieren, bearbeiten, verbreiten, zu kommerziellen und nicht kommerziellen Zwecken. Und obwohl der Urheber nach deutschem Recht nicht auf seine Nennung als Urheber verzichten kann, geht man sogar davon aus, dass auch eine Urhebernennung nicht notwendig ist.

Vorsicht
Nur weil ein Foto unter Public Domain angeboten wird, bedeutet das nicht, dass nicht andere Personen Rechte an diesem Foto haben können, beispielsweise darauf abgebildete Personen oder Eigentümer abgebildeter Sachen. Diese Rechteinhaber könnten den Verwender auf Unterlassung und Schadensersatz in Anspruch nehmen.

6.3.4   Probleme und Grenzen der CC-Lizenz

Was ist kommerziell?

Der wohl größte Knackpunkt für Verwender ist die Frage, wann eine Nutzung im Sinne der CC-Lizenz kommerziell ist. Die Lizenzbestimmungen definieren eine kommerzielle Nutzung als Handlung, *die hauptsächlich auf einen geschäftlichen Vorteil oder eine vertraglich geschuldete geldwerte Verfügung abzielt oder darauf gerichtet ist.* Die Creative Commons hat diese Formulierung bewusst vage gelassen, um einen möglichst großen Bereich abzudecken, begründet damit aber auch eine erhebliche Rechtsunsicherheit.

Bei der Unterscheidung zwischen kommerziell und nicht kommerziell kommt es allein auf die tatsächliche Verwendung des Fotos an und nicht auf die geschäftliche Ausrichtung des Verwenders. Eine Non-Profit-Organisation kann durchaus bei der Nutzung der Fotos gegen einen Vorbehalt der kommerziellen Nutzung verstoßen, wenn sie dadurch einen geschäftlichen Vorteil erringen und durch ihr Tun eine geldwerte Vergütung erzielen will.

Da die Lizenzen für eine internationale Verwendung ausgelegt sind, kann für die Auslegung des Begriffs »kommerziell« auch nicht auf die Begrifflichkeiten in den deutschen Gesetzen, z.B. »nicht gewinnorientiert« in § 52 a UrhG zurückgegriffen werden.

Eine Faustformel, wann eine Verwendung kommerziell ist, gibt es daher nicht. Mit Sicherheit lässt sich nur sagen, dass eine rein private Nutzung stets nicht kommerziell, eine werbliche Nutzung dagegen stets kommerziell ist. Dazwischen liegt eine Grauzone, die nur im Einzelfall beurteilt werden kann.

Da es sich bei der CC-Lizenz allerdings rechtlich gesehen um Allgemeine Geschäftsbedingungen handelt, gehen Unklarheiten zulasten des Fotografen, sodass es im Zweifel an ihm liegt, nachzuweisen, dass es sich bei der konkreten Verwendung um eine kommerzielle Nutzung handelte.

Beispiel

Die Nutzung eines als zur nicht kommerziellen Verwendung gekennzeichneten Fotos auf der Internetseite eines öffentlich-rechtlichen Radiosenders ist keine kommerzielle Nutzung. Zwar erhält der Sender für seinen Betrieb Zuwendungen aus den Rundfunkgebühren, aber der Zugang zur Internetseite ist kostenfrei und die Seite wird nicht zu geschäftlichen Zwecken betrieben (OLG Köln, Urteil vom 31.10.2014, Az: I-6 U 60/14, 6 U 60/14).

Rechte Dritter

Der Lizenzgeber kann nur so viele Rechte gewähren, wie er selbst hat. Ein Fotograf kann z.B. nur die Rechte an seinem Bild, aber nicht immer am Motiv freigeben. Welche Probleme sich dabei ergeben können, haben wir in Kapitel 7 bei der Sach- und in Kapitel 8 bei der Personenfotografie ausführlich beschrieben. Insbesondere können sich Probleme ergeben, wenn eine abgebildete Person mit der Veröffentlichung des Fotos nicht einverstanden war oder Marken, urheberrechtlich geschützte Werke oder Designs abgebildet sind.

Tipp

Sind auf dem Foto Personen abgebildet, sollte nach Möglichkeit der Fotograf direkt kontaktiert werden und eine Zusicherung eingeholt werden, dass die Personen mit der Veröffentlichung und Nutzung des Fotos einverstanden sind. Sollte das nicht möglich sein, sollten Personenfotos nach Möglichkeit nicht verwendet werden, sofern kein Ausnahmetatbestand die Notwendigkeit einer Einwilligung entfallen lässt. Gleiches gilt, wenn Aufnahmen erkennbar auf Privatgelände erstellt wurden.

Hinweis

Die Lizenzbedingungen der CC-Lizenz sehen umfangreiche Haftungsausschlüsse zugunsten des Fotografen vor. Ob solche Haftungsausschlüsse nach deutschem Recht überhaupt zulässig sind, ist fraglich. Allerdings muss davon ausgegangen werden, dass sich der Fotograf zunächst hierauf beruft. Dazu kommt, dass die Fotografen aus der ganzen Welt kommen, sodass die Durchsetzung von Regressansprüchen seitens des Verwenders durchaus schwierig sein kann.

6.3.5   Haftung bei Lizenzverstoß

Wer gegen die Lizenzbedingungen der CC-Lizenz verstößt, wird schlimmstenfalls so behandelt, als ob er überhaupt keine Lizenz hatte. Die CC-Lizenz wird unter bestimmten Bedingungen erteilt und werden diese nicht erfüllt, entfällt die Lizenz. Setzt der Verwender die Nutzung trotzdem fort, drohen Unterlassungs- und Schadensersatzansprüche, letztlich also die gleichen Rechtsfolgen, wie sie in Kapitel 9 geschildert sind. Der wohl häufigste Verstoß sind die nicht erfolgten oder nicht ausreichenden Angaben zu Urheber, Quelle etc.

Beispiel

Ein Anbieter von Busreisen betreibt eine Internetseite, auf der er Reisen vertreibt. Zur Bebilderung nutzt er ein Foto, dass bei Wikipedia unter CC-Lizenz angeboten wurde. Der Urhebernennung kommt er dergestalt nach, dass die Urheberangabe erscheint, wenn man mit dem Mauszeiger auf dem Foto verweilt (sogenanntes Mouse-over). Dies ist für die Urhebernennung allerdings nicht ausreichend. Der Verwender musste dem Fotografen 480,20 € Rechtsanwaltskosten und 225,00 € Lizenzgebühr zahlen (LG München, Urteil vom 17.12.2014 – 37 O 8778/14).

6.4 Kostenlose Fotos – Google-Bildersuche, Wikimedia und Co.

Eine umfangreiche Quelle für kostenlose Fotos ist sowohl die Google-Bildersuche als auch Wikipedia und Wikimedia Commons und weitere freie Datenbanken, wie etwa Pixabay oder Flickr.

Über die genannten Bilddatenbanken lassen sich ohne viel Mühe Fotos finden, die unter CC-Lizenz stehen, zum Teil sogar als gemeinfreie Werke. Eine gute Übersicht über Bilddatenbanken mit Fotos unter CC-Lizenz findet sich auch auf der Webseite der Creative Commons Gesellschaft selbst. Die Google-Bildersuche bietet in den Suchoptionen sogar die Möglichkeit, Fotos mit bestimmten Verwendungsmöglichkeiten zu suchen. Je nach CC-Lizenz lassen sich die so aufgefundenen Fotos nach den Vorgaben der Lizenzen einfach nutzen.

Vorsicht

Hin und wieder kommt es vor, dass Dritte unbefugt Fotos Dritter in kostenlose Bilddatenbanken hochladen. Diese Personen sind selbstverständlich nicht berechtigt, an diesen Fotos irgendwelche Lizenzen einzuräumen, schon gar nicht, sie unter CC-Lizenz anzubieten. Verwenden Sie diese Fotos dann, können Sie sich nicht auf die CC-Lizenz berufen, zum Teil mit fatalen Folgen. So dürfen Sie das Foto natürlich nicht weiterverwenden, Produkte, die mit diesem Foto versehen sind, müssen unter Umständen vernichtet werden. Haften wird die Plattform, von der Sie das Bild bezogen haben, kaum. Auch der unberechtigte Dritte wird sich nur selten ermitteln lassen. Planen Sie also eine umfangreiche kommerzielle Nutzung, ist dringend davon abzuraten, kostenlose Fotografien dafür zu verwenden, sondern diese besser bei einer Agentur zu erwerben.

Tipp

Dank eines besonderen Tools ist es nicht mehr schwer, die für die CC-Lizenz notwendigen Angaben für Bilder aus Wikipedia und Wikimedia Commons zu erstellen: Hierbei hilft der »Lizenzhinweisgenerator« der Wikimedia Deutschland (*https://www.lizenzhinweisgenerator.de/*). Fügt man die Links zu Inhalten der Wikipedia oder Wikimedia Commons in den Generator ein, führt dieser den Verwender in wenigen Klicks zum korrekten Lizenzhinweis. Leider funktioniert das mit Angeboten abseits der genannten Datenbanken nicht.

6.5   Fotos einbinden über Links und Embedded Content

Eine rechtliche Grauzone, Fotos im Internet zu verwenden, ganz ohne die Zustimmung des Urhebers oder Nutzungsrechteinhabers einholen zu müssen, ist die Einbindung eines Fotos auf einer Webseite im Wege der *Verlinkung* und des *Embedded Content*.

Die einfachste Möglichkeit ist das Verlinken des Fotos durch die Angabe deren *URL*, also das Setzen eines Links, der zu einer anderen Seite führt, auf der das Foto abrufbar ist. Führt der Link direkt zu einer Unterseite oder dem verlinkten Foto, spricht man von sogenannten *Deep-Links*.

Reine Links sind allerdings aus zweierlei Gründen für die Fotonutzung uninteressant: Zum einen wird der Webseitenbesucher durch das Anklicken auf eine andere Webseite geleitet, die möglicherweise sogar einem Wettbewerber gehört. Zum anderen entfällt die schmückende oder illustrierende Wirkung des Fotos, da es natürlich nicht selbst, sondern nur in Form einer Verlinkung angezeigt wird.

Interessant ist deshalb die Einbindung eines Fotos im Wege des sogenannten *Framings*. Hierbei werden Fotos zwar auch nur verlinkt, durch einen technischen Vorgang erhält die Webseite aber den Befehl, das verlinkte Foto direkt auf der Webseite in einem sogenannten Frame anzuzeigen. Für den Seitenbesucher stellt es sich so dar, als ob das Foto unmittelbar auf der Webseite eingebunden sei. Tatsächlich befindet es sich aber immer noch auf der verlinkten Stelle und wird nur in dem Frame angezeigt.

Noch vor einiger Zeit galt, dass das Setzen von Links jeglicher Art keine urheberrechtlich relevante Handlung darstellt. Ein Link ist weder eine Vervielfältigung – das Ursprungsfoto wird nicht kopiert – noch eine öffentliche Wiedergabe.

Beispiel

Ein Unternehmen lässt einen Imagefilm erstellen. Dieser wird bei YouTube veröffentlicht. Ein Wettbewerber bindet den Film ohne Zustimmung des Rechteinhabers auf seiner eigenen Unternehmenswebseite im Wege des Framings ein. Dies ist zulässig, weil keine urheberrechtlich relevante Handlung vorliegt (BGH, Urteil vom 09. Juli 2015 – I ZR 46/12 – Die Realität II).

Mit der jüngeren Rechtsprechung hat sich dieser Grundsatz jedoch geändert. Nun kommt es maßgeblich darauf an, ob das Foto an der verlinkten Stelle mit Zustimmung des Fotografen veröffentlicht wurde oder nicht.

Vorsicht

Ein Link verletzt die Urheberrechte des Fotografen, wenn das Foto ohne seine Erlaubnis im Internet veröffentlicht wurde und der Linksetzer erkennen kann, dass das Foto rechtswidrig veröffentlicht wurde und er selbst mit Gewinnerzielungsabsicht handelt (vgl. EuGH, Urteil vom 08. September 2016 – C-160/15).

Auch wenn sich das Framing allzu verlockend anhört: Wollen Sie Fotos vollkommen rechtssicher anwenden, wird das Framing oder Verlinken als kostengünstige Variante der Bildbeschaffung ausfallen. Denn ist das Foto ohne Zustimmung des Urhebers im Internet veröffentlicht worden, haftet auch derjenige, der auf das unrechtmäßig verwendete Foto verlinkt, sofern er eine Seite mit Gewinnerzielungsabsicht betreibt. Den Betreibern von kommerziellen Webseiten wird seitens der Gerichte zugemutet, sich durch Nachforschungen zu vergewissern, ob der verlinkte Inhalt rechtmäßig zugänglich gemacht wurde. Da es nicht immer erkennbar ist, ob das Foto rechtmäßig oder unrechtmäßig abrufbar ist, sollte man im Zweifelsfall lieber die Finger vom Framing lassen.

Beispiel

Auf einer Webseite wird ein Artikel mit einem Foto illustriert und das ohne Zustimmung des Fotografen. Der Betreiber einer Webseite, auf der er u.a. Lehrmaterial entgeltlich anbietet, verlinkt auf den Artikel, ohne sich darüber zu vergewissern, ob das Foto rechtmäßig genutzt wurde. Die Verlinkung erfolgte rechtswidrig und verletzt die Rechte des Fotografen. Der Betreiber haftet für seinen Link (LG Hamburg, Beschluss vom 18.11.2016 – 310 O 402/16).

6.6   Fotos aus den sozialen Medien

In sozialen Medien, allen voran in den sozialen Netzwerken, sind Fotos allgegenwärtig. Aber nur, weil eine Person ein Foto zu Facebook oder zu Instagram hochgeladen hat, stellt dies noch keine Einwilligung dazu dar, dass Dritte die Fotos anderweitig verbreiten dürfen. Es gelten die gleichen Regeln, die auch offline anzuwenden sind, das heißt, es müssen Persönlichkeitsrechte, siehe Kapitel 8, und die Urheberrechte, siehe Kapitel 3 und 5, etc. beachtet werden.

Beispiel

Eine Person stellt ein Foto in das soziale Netzwerk Facebook als Profilbild ein. Später kommentiert die Person einen Beitrag, wobei neben dem Kommentartext ihr Profilbild angezeigt wird. Eine Zeitung macht einen Screenshot des Kommentars inklusive Profilbild und veröffentlich beides in ihrer Onlineausgabe unter dem Titel »Pranger der Schande«. Die Nutzung des Profilbildes verstößt gegen das Recht am Bild der abgebildeten Person, denn aus dem Umstand, dass diese Person das Foto bei Facebook eingestellt hat, kann nicht auf eine Einwilligung zur Wiedergabe in der Zeitung geschlossen werden (OLG München, Urteil vom 17.3.2016 – 29 U 368/16 – Internetpranger).

Sie müssen also davon ausgehen, dass die Fotos nur zu dem Zweck veröffentlicht wurden, der der aktiven Teilnahme an dem sozialen Medium dient.

Beispiel

Stellt eine Person ein Foto bei Instagram ein, darf mit dem Foto nur das geschehen, was nach der Funktionsweise von Instagram vorgesehen ist, z.B. darf es gelikt, kommentiert oder per Nachricht an andere Nutzer verschickt werden. Eine darüber hinausgehende Nutzung, etwa die Erstellung einer Kopie zu Werbezwecken, ist von der Einwilligung des Nutzers nicht mehr gedeckt.

Tipp

Möchten Sie Fotos verwenden, die z.B. im Rahmen eines von Ihnen ausgerichteten Preisausschreibens in einem sozialen Netzwerk geteilt werden, bietet es sich an, in den Gewinnspielbedingungen auch gleich zu vereinbaren, dass die Fotos anschließend zu Werbezwecken außerhalb des Netzwerks genutzt werden dürfen.

6.6.1 Flickr

Auf der Foto-Plattform *Flickr* haben die Nutzer die Möglichkeit, ihre Fotos unter verschiedenen Lizenzen zur freien Nutzung anzubieten. Darunter sind unter anderem alle CC-Lizenzen. Fotos, die unter einer Lizenz angeboten werden, die eine Nutzung erlaubt, können nach den allgemeinen Grundsätzen zur CC-Lizenz, siehe Abschnitt 6.3, genutzt werden.

Tipp

Wenn Sie ein Foto von Flickr verwenden, fertigen Sie einen Screenshot an, auf dem sowohl das Foto als auch die Lizenz erkennbar ist, unter der das Foto angeboten wird. Sollte der Flickr-Nutzer später die Lizenzbestimmungen ändern, können Sie so nachweisen, dass das Foto unter einer anderen, möglicherweise weitergehenden Lizenz verfügbar war und die Nutzung durch Sie dadurch berechtigt ist.

6.6.2   Hashtag als Einwilligung oder Lizenz?

Die den Netzwerken innewohnende und sie auszeichnende Praxis des Teilens und Verbreitens von Inhalten ist allgemein bekannt. Klar ist, dass, wer Inhalte, seien es Fotos oder Texte, in ein Netzwerk einstellt, *einwilligt*, dass diese Inhalte *in dem Netzwerk* durch dessen Nutzer *frei weiterverbreitet*, also »shart«, »retweetet« oder »gesendet« werden dürfen.

Aber berechtigt z.B. ein bestimmtes Unternehmen nennender *Hashtag #* dieses Unternehmen, die mit diesem Hashtag in einem Netzwerk geteilten Inhalte auf der eigenen Unternehmenswebsite zu veröffentlichen?

Beispiel

Eine Mutter hatte ihre Tochter fotografiert und, weil auf dem Foto Sandalen des Unternehmens »Crocs« zu sehen waren, das Foto auf Instagram mit dem Hashtag »#crocs« geteilt. Das Unternehmen wertete dieses Hashtag als Erlaubnis, das Foto auf der eigenen Unternehmenswebseite zu veröffentlichen. Zu Recht?

Ein klares *Nein*.

Zwar kann die Einwilligung zur Veröffentlichung eines Bildnisses oder die Einräumung von Nutzungsrechten auch stillschweigend erfolgen bzw. sich aus den Umständen ergeben, siehe Abschnitt 8.4. Denkbar ist auch, dass ein Hashtag eine solche Einwilligung tatsächlich enthält. Voraussetzung wäre jedoch, dass er so *eindeutig gefasst* ist, dass sich die Berechtigung klar aus ihm ergibt. Zum Beispiel könnte der Hashtag eine CC-Lizenz enthalten. Die Nennung der Unternehmensmarke oder der Firma genügt hierfür jedenfalls nicht.

6.6.3   Der Facebook-»Teilen-Button« als Freibrief für die Fotoverwendung?

Muss es ein Fotoverwender und Rechteinhaber hinnehmen, der ein Foto auf seiner Internetseite mit einem Facebook-Teilen-Button versieht, dass ein Dritter, über die im Rahmen der Standard-Einstellung abgebildeten Inhalte hinaus, den vollständigen Text oder das Foto in seiner Chronik öffentlich macht?

Auch hier ist die Antwort *Nein*.

Anders als beim Framing und Embedded Content, siehe Abschnitt 6.5, bei denen die angezeigten Inhalte von dem sie Einbindenden nicht gespeichert werden, speichert Facebook die Inhalte, zumindest vorübergehend, auf seinen Servern und macht sich damit von der Quelle unabhängig.

Beispiel

Durch die Bereitstellung des »Teilen-Buttons« bei Facebook bringt der Verfasser eines Zeitungsartikels nicht zum Ausdruck, dass er über das Setzen eines Links nebst Ankündigungstext hinaus weitergehende Nutzungsrechte an jeden Facebook-Nutzer übertragen will. Wenn ein Facebook-Nutzer nicht lediglich die »Teilen-Funktion« bedient, also einen bloßen Link zu dem Zeitungsbeitrag setzt, sondern den Beitrag vollständig auf den eigenen Facebook-Auftritt kopiert, verletzt er die Urheber- bzw. Nutzungsrechte des Artikelverfassers an dem Zeitungsartikel (LG Frankfurt, Urt. v. 17.7.2014 – 2/3 S 2/14).

Der *Teilen-Button* enthält damit lediglich die Erlaubnis, die zum Teilen angebotenen Inhalte in der von dem Button vorgesehenen Standardeinstellung zu verwenden. Eine darüber hinausgehende Nutzungsrechteinräumung, etwa im Sinne eines Freibriefs zur umfänglichen Nutzung, ist damit nicht verbunden.

6.6.4 Amazon

Wer auf Amazon als Teilnehmer am »Amazon Marketplace« Produkte verkauft und diese durch Produktfotos bebildert, muss unter Umständen hinnehmen, dass andere Verkäufer diese Fotos ebenfalls zur Bebilderung ihrer Produkte mit derselben EAN-Nummer verwenden, indem sie sich an dieses *anhängen*.

Beispiel

Im Rahmen der von der Plattform Amazon für jeweils ein Produkt mit derselben EAN-Nummer erstellten Produktseite muss es derjenige Verkäufer, dessen Produktlichtbild auf der allgemeinen Produktseite verwendet wird, hinnehmen, dass sein Lichtbild auch zur Bebilderung desselben Produkts anderer Verkäufer durch diese auf der Produktseite verwendet wird (OLG Köln, Urt. v. 19.12.2014 – 6 U 51/14 – Softairmunition).

Dies folgt unter anderem aus den Teilnahmebedingungen von Amazon, die der Plattform ein Nutzungsrecht an den eingestellten Fotos einräumen, das Amazon dann wiederum anderen Verkäufern desselben Produkts einräumen kann.

Amazon – Stand Mai 2016

»XIII. Urheberrecht, Lizenz, Nutzungsrechte

Die Teilnehmer übertragen Amazon ein vergütungsfreies, zeitlich unbefristetes, umfassendes Nutzungsrecht, insbesondere zur Vervielfältigung, Verbreitung, Bearbeitung an allen Werken oder Werkteilen sowie Datenbanken oder jedem anderen Katalog oder jeder anderen Produktinformation, die Teilnehmer im Rahmen des Online-Angebotes von Amazon an Amazon übermitteln (mit Ausnahme jedes Firmenzeichens, jeder Schutzmarke oder anderen ähnlichen Brandings), einschließlich des Rechts, diese Inhalte in Printmedien, online, auf CD-ROM etc. zu publizieren, auch zu Werbezwecken.«

Vorsicht

Werden die Produktfotos durch Amazon einem anderen Marketplace-Händler unberechtigt zugeordnet, ist die Rechtslage noch ungeklärt. Unter bestimmten Umständen haftet auch der Händler für die von Amazon begangene Rechtsverletzung (vgl. LG Köln, Urteil vom 16.6.2016 –14 O 355/14).

eBay hat angekündigt, dass die Plattform ihre AGB zum 1.5.2018 dahingehend ändern wird, dass ihr alle gewerblichen Verkäufer das Recht zur Nutzung an den eingestellten Artikelbildern einräumen.

Teil 2

Worauf achten bei Fotos von Personen und Sachen?

Grundsätzlich kann man jedes Foto in eine von zwei Kategorien einordnen: Bilder von Sachen und Bilder von Personen. Beide Kategorien haben ihre eigenen Regelungen und Fallstricke, die bei der Verwendung der Fotos zu beachten sind und im Folgenden erörtert werden sollen.

Verstößt der Fotograf bei der Anfertigung der Fotografie gegen Rechte Dritter an der Sache, z.B. das Eigentums- und Hausrecht, etwa weil er über keine Fotogenehmigung verfügte, können auch Sie als Fotoverwender haftbar gemacht werden, wenn Sie die Fotografien benutzen. Deshalb ist es wichtig, sich vom Fotografen zusichern zu lassen, dass alle erforderlichen Genehmigungen vorlagen, und sich durch den Fotografen von Ansprüchen Dritter freistellen zu lassen. Werden Sie als Verwender trotzdem vom Rechteinhaber in Anspruch genommen, können Sie unter Umständen den Fotografen ihrerseits zur Verantwortung ziehen.

Kapitel 7

Fotos von Sachen

Eine *Sache* ist nach der Gesetzesdefinition jeder körperliche Gegenstand. Darunter fällt alles, was man tatsächlich auch fotografieren kann – Landschaften, Gebäude, Kunstwerke und Tiere, auch wenn Letztere streng genommen keine Sachen sind. In ihrer rechtlichen Bewertung werden sie Sachen aber gleichgestellt.

Wie man Fotos von Sachen verwenden darf, bestimmt sich zum einen nach der abgebildeten Sache und zum anderen an den konkreten Umständen, unter denen die Aufnahme angefertigt wurde.

Tipp
Kann der Verwender die Lizenzbedingungen selbst gestalten, ist es wegen der Haftung des Verwenders immer sinnvoll, eine *Freistellungsvereinbarung* mit dem Fotografen zu vereinbaren (siehe hierzu Abschnitt 4.1).

7.1   Grundsatz: Kein Recht am Bild der eigenen Sache

Als Grundsatz gilt: *Es gibt kein Recht am Bild der eigenen Sache.* Sachen können ohne Zustimmung des Eigentümers fotografiert und die Abbildungen auch verwertet werden. Das gilt für Dinge wie Häuser, Autos und Gegenstände ebenso wie für Tiere. Allerdings gibt es natürlich keinen Grundsatz ohne Ausnahme. Hierbei spielt einerseits eine Rolle, wo die Aufnahme vorgenommen wurde, andererseits, was fotografiert wird.

Vorsicht
In der Regel können Sachfotos unproblematisch verwendet werden. Aufpassen sollten Sie aber dann, wenn die Aufnahmen auf Privatgelände oder in Gebäuden angefertigt wurden, die offensichtlich die Privatsphäre von Personen verletzen oder Marken, Designs und urheberrechtlich geschützte Werke zeigen.

Unproblematisch ist es zumeist, wenn Fotografien von Sachen angefertigt werden, die auf öffentlichem Grund stehen oder von öffentlichem Grund einsehbar sind. Vorsichtig sollte man jedoch sein, wenn Wohngebäude oder Teile davon abgebildet werden, selbst wenn die Aufnahme von öffentlichem Grund erfolgt. In diesem Fall kann eine Aufnahme unzulässig sein, wenn sie die *Persönlichkeitsrechte* der Bewohner verletzt (siehe Abschnitt 8.6.1).

Ist es erforderlich, *Privatgelände* zu betreten, um eine Sache zu fotografieren, kann sowohl die Herstellung als auch Verwertung der Fotografie eingeschränkt sein. Gleiches gilt auch, wenn die Fotografie Sachen abbildet, die durch Rechte Dritter – z.B. *Marken- Urheber und Designrechte* – geschützt sind. Wie im Einzelnen damit umzugehen ist, wird im Rahmen dieses Kapitels erläutert.

Abb. 7.1: *Es gibt weder ein Recht am Bild der eigenen Sache noch ein Recht am Bild des eigenen Tieres.*

7.2   Aufnahmen auf Privatgelände – Property Release

Eigentum verpflichtet nicht nur, es berechtigt auch. Zwar gibt es kein Recht am Bild der eigenen Sache, werden Fotografien allerdings auf *Privatgelände* angefertigt, gibt es ein paar Besonderheiten zu beachten, z.B. die Verwertungsrechte des Eigentümers oder Hausordnungen.

Vorsicht
Immer wenn es für die Aufnahme einer Fotografie notwendig ist, ein fremdes, nicht öffentliches Grundstück zu betreten, muss der Eigentümer bzw. der Hausrechtsinhaber der kommerziellen Verwetung der Fotos seines Eigentums zustimmen.

Ehe Sie solche Bilder verwenden, müssen Sie sicherstellen, dass alle Rechteinhaber mit der Nutzung der Fotografie einverstanden sind, z.B.

indem Sie sich von dem Fotografen ein sogenanntes *Property Release* vorlegen lassen.

Das Property Release ist ein zwischen dem Fotografen und dem Eigentümer geschlossener Vertrag, aus dem hervorgeht, dass der Fotograf in den Räumlichkeiten oder auf dem Gelände des Eigentümers fotografieren durfte und er die Fotos anschließend auch (kommerziell) verwerten darf. Dabei ist darauf zu achten, dass das Property Release auch den Verwendungszweck vorsieht, für den das Foto genutzt werden soll, z.B. Werbezwecke.

Nur wenn der Fotograf ein Property Release vorweisen kann, können Sie sicher sein, dass er über alle notwendigen Rechte zur Anfertigung und zum Verkauf des Fotos verfügte. Dies ist vor allem wichtig, wenn man Fotos direkt beim Fotografen einkauft. Fotoagenturen verkaufen in der Regel ausschließlich Fotografien, bei denen ein Property Release vom Fotografen nachgewiesen wurde, oder kennzeichnen Fotografien deutlich, wenn nicht alle Freigaben erteilt wurden. Solche Fotografien sollte man dann höchstens zum Zweck der Berichterstattung, nicht jedoch zu kommerziellen Zwecken verwenden.

7.2.1   Verwertungsrecht des Eigentümers

Das Eigentum ist grundrechtlich geschützt und ein wichtiges Gut. Als solches schützen das Gesetz und die Rechtsprechung die Eigentümer vor vielerlei Beeinträchtigung dieses Rechts. Der Eigentümer muss sich nichts gefallen lassen, was sein *Eigentumsrecht* beeinträchtigt und dazu kann auch unter Umständen die fotografische Abbildung des Eigentums gehören. Um dies zu verstehen, ist es wichtig zu wissen, dass das Eigentumsrecht insbesondere auch das alleinige Recht des Eigentümers umfasst, seine Sache *kommerziell zu verwerten*.

Werden Gebäude, Gärten oder andere Dinge von dem Grundstück aus aufgenommen, auf dem sie sich befinden, und handelt es sich dabei nicht um öffentliches Land, schadet das Abfotografieren den Sachen zwar nicht. Es beeinträchtigt den Eigentümer aber darin, die Abbildung seiner Sache zu verwerten, weil ihm andere mit ihren Bildern Konkurrenz machen können.

Gerade bei touristisch attraktiven Dingen, wie Schlössern oder anderen Sehenswürdigkeiten, hat der Eigentümer ein originäres Interesse daran, darüber bestimmen zu können, wer sein Eigentum fotografieren darf, beispielsweise um Ansichtskarten herstellen und verkaufen zu können. Fotografiert ein Dritter das Eigentum, um die Abbildungen kommerziell zu verwerten, kann der Eigentümer ihm dies deshalb verbieten. Ihm stehen Unterlassungs- und unter Umständen auch Schadensersatzansprüche gegen den Fotoverwender zu.

Vorsicht
Möchten Sie Fotografien kommerziell verwenden, die Eigentum Dritter zeigen, sollten Sie sich unbedingt vom Fotografen nachweisen lassen, dass das Einverständnis des Eigentümers vorliegt. Anderenfalls kann die Verwendung unzulässig sein – mit allen daraus folgenden negativen Konsequenzen.

7.2.2 Hausrecht und Hausordnungen

Ein weiterer Aspekt des Eigentumsrechts ist das daraus entstehende *Hausrecht*. Betritt man Privatgelände – Gärten, Wohnungen, Bahnhöfe, Betriebsgelände, Stadien, Zoos usw. – unterliegt man dem Hausrecht des Hausrechtsinhabers.

Hausrechtsinhaber ist in der Regel der Eigentümer. Dieser kann das Hausrecht aber auch auf Dritte, z.B. (kurzfristige) Mieter oder Pächter, übertragen. Dies ist häufig bei Veranstaltungsorten wie Stadien, Studios, Ateliers, Galerien, Theatern etc. der Fall. Der Hausrechtsinhaber muss nicht zwingend eine natürliche Person sein. Ist eine juristische Person, z.B. eine GmbH, Mieter, steht ihr das Hausrecht gleichfalls zu und wird durch ihre Vertreter, z.B. den Geschäftsführer einer GmbH, ausgeübt.

Teil des Hausrechts ist es insbesondere, darüber bestimmen zu können, *unter welchen Voraussetzungen auf dem Gelände und im Gebäude Fotografien angefertigt werden dürfen*. Verkürzt ausgedrückt: Der Hausrechtsinhaber bestimmt, *ob* und, wenn ja, *wie* in seinen Räumlichkeiten fotografiert werden darf. Das Fotografieren kann eingeschränkt werden, z.B. indem es nur in bestimmten Bereichen, nur zu ausschließlich privaten Zwecken oder gegen Gebühr erlaubt wird. Das Fotografieren kann aber natürlich auch ganz untersagt werden.

Diese Einschränkungen werden in der Regel durch *Hausordnungen* kommuniziert, die an den Eingängen aufgehängt oder auf Eintrittskarten gedruckt werden. Juristisch betrachtet handelt es sich dabei um Allgemeine Geschäftsbedingungen (AGB).

Die wohl häufigste Einschränkung der Fotografie – neben dem vollständigen Verbot – ist das Verbot zur Herstellung von Fotografien zu gewerblichen Zwecken. Bekannte Beispiele hierfür sind der Park und das Schloss Sanssouci bei Potsdam und der Hamburger Tierpark Hagenbeck. In beiden Fällen erlaubt die Hausordnung Film- und Fotoaufnahmen ausschließlich zu privaten Zwecken.

Ein Verstoß gegen die vom Hausrechtsinhaber ausgesprochenen Einschränkungen begründet wie der Eingriff in die Verwertungsrechte Unterlassungs- und unter Umständen Schadensersatzansprüche gegen den Verwender der Fotografien.

Vorsicht

Wird auf privatem Gelände fotografiert, empfiehlt es sich dringend, das Einverständnis des Hausrechtsinhabers einzuholen bzw. sich eine solche Einwilligung vom Fotografen oder der Bildagentur vorlegen zu lassen. Der Verwender muss letztlich nachweisen können, dass die Fotografien rechtmäßig angefertigt wurden. Unkenntnis von Fotografieverboten oder -einschränkungen entschuldigt eine Verletzung des Hausrechts nicht.

Beispiel

Fotografien des Schlosses Sanssouci bei Potsdam waren lange Streitpunkt zwischen der Stiftung Preußische Schlösser und Gärten Berlin-Brandenburg und Fotografen sowie Bildagenturen. Die daraus entstandenen Urteile sind richtungsweisend für das Recht am Bild der eigenen Sache geworden. Der BGH hat letztendlich entschieden, dass es zwar kein solches Recht gibt, dem Eigentümer aber das Verwertungsrecht an seinem Eigentum zusteht und er in seiner Haus- und Parkordnung festlegen darf, ob Fotografien von oder auf seinem Privatgelände angefertigt werden dürfen und/oder diese gewerblich verwertet werden dürfen oder nicht (BGH, Urteil vom 17.12.2010 – V ZR 44/10).

Beispiel

Auch Museen können darüber bestimmen, ob und was fotografiert werden darf. Ein Fotografierverbot kann zu diesem Zweck auch in den AGB vereinbart werden, die dem Besichtigungsvertrag zugrunde liegen, den der Besucher mit dem Museum schließt (OLG Stuttgart, Urteil vom 31.5.2017 – 4 U 204/16).

Nur nach vorheriger Genehmigung durch das Bahnhofsmanagement gestattet:

- Durchführen von Werbemaßnahmen (z. B. Verteilen von Produkten, Warenproben oder Prospekten)
- Anbringen von Plakaten und Aushängen
- Verkaufen und Verteilen von Waren und Ähnlichem
- Live-Musik, Auftritte, Veranstaltungen
- Gewerbliche Foto-, Film- und Fernsehaufnahmen
- Durchführen von Befragungen, Sammelaktionen
- Verteilen von Flugblättern, Handzetteln und Ähnlichem auf Bahnsteigen und Zugängen zu den Bahnsteigen (Über- und Unterführungen, Treppen, Fahrtreppen, Aufzüge)
- Öffentliche Versammlungen und Aufzüge auf Bahnsteigen und Zugängen zu den Bahnsteigen (Über- und Unterführungen, Treppen, Fahrtreppen, Aufzüge) müssen bei der zuständigen Behörde gemäß Versammlungsgesetz angemeldet werden und sind darüber hinaus nur nach vorheriger Genehmigung durch das Bahnhofsmanagement gestattet.

7. Ton-, Film-, Foto- und Videoaufnahmen jeder Art dürfen nur zu privaten (Souvenir-) Zwecken erfolgen. Jegliche Verwertung für gewerbliche, kommerzielle und nicht-kommerzielle Zwecke – auch auf privaten Homepages – bedarf der vorherigen schriftlichen Genehmigung durch Hagenbeck. Die Veröffentlichung von Aufnahmen ohne Genehmigung ist verboten. Im Tropen-Aquarium ist das Fotografieren nur ohne Blitz erlaubt.

Abb. 7.2: Die Hausordnung der Berliner S-Bahn verbietet gewerbliche Foto- und Filmaufnahmen ohne vorherige Genehmigung. Die Hausordnung des Tierparks Hagenbeck in Hamburg verbietet dazu sogar die Verwertung für nicht-kommerzielle Zwecke, selbst auf privaten Homepages.

7.3 Persönlichkeitsrechte

Neben der Frage, von wo fotografiert wird, muss bei der Sachfotografie auch immer beachtet werden, was später auf der Fotografie abgebildet ist.

Insbesondere wenn in Wohngegenden oder Ferienanlagen fotografiert wird, müssen die *Persönlichkeitsrechte der Bewohner* beachtet werden – selbst dann, wenn man die Person gar nicht abbildet. Vertieft können Sie dies in Abschnitt 8.6.1 nachlesen.

Einblicke in Wohnungen, z.B. in das Schlafzimmer, können schon ausreichend sein, um das grundrechtlich geschützte Persönlichkeitsrecht des Bewohners zu verletzen.

Vorsicht
Wenn auf einer Fotografie eine ungewöhnliche Perspektive Einblicke in Wohnungen und Gärten ermöglicht, sollten Sie misstrauisch werden. Sind durch die Fotografie Persönlichkeitsrechte verletzt, haftet der Fotoverwender.

Besonders bei Fotos, die mit Hilfsmitteln wie Leitern oder Teleobjektiven aufgenommen wurden, ist Vorsicht geboten. Sie können selbst dann Persönlichkeitsrechte verletzen, wenn sie vom öffentlichen Straßenland aus aufgenommen wurden. Dies ist z.b. dann der Fall, wenn sie aufgrund der technischen Hilfsmittel Einblicke gewähren, die aus der normalen Spaziergänger-Perspektive nicht wahrnehmbar sind. Das Persönlichkeitsrecht ist z.b. dann verletzt, wenn mit einem Teleobjektiv in die Wohnung des Bewohners oder mithilfe einer Leiter über eine Gartenmauer in einen sonst nicht einsehbaren Garten fotografiert wird. Denn dies ermöglicht eine Einsicht in die Privat- und Intimsphäre der betroffenen Person, selbst wenn sie selbst auf dem Foto nicht zu sehen ist.

Beispiel

Gewährt ein aus einem Hubschrauber heraus aufgenommenes Foto Einblicke in einen umfriedeten Garten, der nicht ohne Weiteres einsehbar ist, und wird dieses Foto gleichzeitig mit dem Namen der prominenten Bewohnerin und einer Wegbeschreibung zu der Immobilie in einer Zeitung veröffentlicht, kann das die Persönlichkeitsrechte der Bewohnerin verletzen, auch wenn sie auf den Fotos nicht zu sehen ist (BGH, Urteil vom 9.12.2003 – VI ZR 373/02 (KG) Feriendomizil I).

Aber auch eine bloße Außenansicht eines Gebäudes kann bereits das Persönlichkeitsrecht des Bewohners verletzen, z.B. wenn dadurch der eigentlich geheime Standort des Gebäudes offenbart wird. Denkbar sind etwa Fotografien von Urlaubsdomizilen prominenter Personen, wenn durch das Foto die Adresse des Ortes bekannt gemacht wird.

Vorsicht

Das Persönlichkeitsrecht ist ein Grundrecht und dementsprechend hochsensibel. Jede Person hat ein Recht auf Privatsphäre und darf darauf vertrauen, dass ihre persönlichen Informationen nicht durch Fotografien der Öffentlichkeit offenbart werden. Stellen Sie also sicher, dass bei Sachfotografien, die Einblicke in die Privatsphäre einer Person geben, ein Einverständnis der betroffenen Person für die Verwendung vorliegt, selbst wenn sie nicht darauf abgebildet ist. Anderenfalls laufen Sie Gefahr, auf Unterlassen der Nutzung oder schlimmstenfalls auf Schadensersatz in Anspruch genommen zu werden.

Abb. 7.3: Wollen Sie Bilder von Wohngebäuden verwenden, muss gesichert sein, dass die Persönlichkeitsrechte der Bewohner gewahrt werden.

7.4 Schutzrechte Dritter – Marken, Urheberrechte, Designs und Co.

Die kommerzielle Verwendung einer Sachfotografie kann auch dann tückisch sein, wenn sie Dinge abbildet, die durch *Immaterialgüterrechte* geschützt sind. Das kann die Wiedergabe eines *Designs* oder einer *Marke* sein, ebenso wie das Foto eines *urheberrechtlich geschützten Werks*. In einigen Fällen kann der Rechteinhaber die Verwendung des Fotos nicht nur untersagen, sondern auch vom Fotoverwender Schadensersatz fordern. Deshalb gilt hier besondere Vorsicht.

7.4.1 Urheberrecht und dessen gesetzliche Ausnahmen – Panoramafreiheit und Co.

Wenn man eine Sachfotografie betrachtet, sieht man unter Umständen zwei urheberrechtlich geschützte Werke – die Fotografie selbst, die als Lichtbild oder Lichtbildwerk geschützt ist, und das darauf abgebildete Werk.

Tanzendes Haus in Prag, Tschechische Republik, Architekten Vlado Milunić, Frank Gehry

Abb. 7.4: *Sowohl die Fotografie als auch das abgebildete Gebäude unterliegen dem Urheberschutz, sodass bei deren Verwendung unter Umständen zwei Personen ihre Einwilligung erteilen müssen – der Architekt und der Fotograf.*

Vorsicht
Zeigt die Fotografie ein urheberrechtlich geschütztes Werk, ist vor der Verwendung der Fotografie grundsätzlich die Zustimmung des Urhebers einzuholen, es sei denn, es gilt eine der unten geschilderten gesetzlichen Ausnahmen.

Wie Urheberrechte entstehen und was sie im Einzelnen beinhalten, haben wir bereits in Kapitel 2 beschrieben. Alles zur Fotografie Ausgeführte lässt sich natürlich auf sämtliche andere Werkarten übertragen, z.b. Bilder, Skulpturen, Baukunstwerke etc.

Auch an diesen Werken stehen zunächst ausschließlich dem Urheber sämtliche Verwertungsrechte zu. Darunter fällt insbesondere das Recht, das Werk durch Abfotografieren zu vervielfältigen und die Kopie dann im Internet zu verwenden, also öffentlich zugänglich zu machen. Dies gilt auch, wenn das Werk durch die Fotografie verändert wird, etwa weil eine dreidimensionale Statue nun zweidimensional wiedergegeben wird.

Soll eine Fotografie, die ein urheberrechtlich geschütztes Werk zeigt, verwendet werden, braucht es in der Regel zwei Personen, die ihr Einverständnis erteilen: den Fotografen und den Urheber des abgebildeten Werks.

Hinweis

Etwas anderes kann gelten, wenn es bei dem Foto um eine Reproduktion eines Werks geht, das durch Zeitablauf gemeinfrei geworden ist, beispielsweise eine Reproduktion von da Vincis »Mona Lisa«. Die gesetzliche Regelung der Gemeinfreiheit soll nicht durch den Lichtbildschutz umgangen werden können, das Reproduktionsfoto kann also ohne Einverständnis des Fotografen genutzt werden (AG Nürnberg, Urteil vom 28.10.15 – 32 C 4607/15). Etwas anderes kann jedoch gelten, wenn die Reproduktion des gemeinfreien Werks eine gewisse handwerklich-technische Leistung erfordert. Dann entsteht an dem Reproduktionsfoto Urheberschutz (LG Berlin, Urteil vom 31.5.2016 – 15 O 428/15; LG Stuttgart, Urteil vom 27.9.2016 – 17 O 690/15).

Wenn Sie also eine Fotografie z.B. eines Gemäldes im Internet verwenden wollen, brauchen Sie deshalb »in der Regel« die Zustimmung beider Urheber – des Malers und des Fotografen. Dies gilt nur »in der Regel« deshalb, weil es gesetzliche Ausnahmen gibt, die dieses Erfordernis entfallen lassen, denn das Urheberrecht ist kein grenzenloses Recht.

Unter bestimmten Voraussetzungen muss der Urheber zur Wahrung berechtigter Interessen nämlich dulden, dass sein Werk verwendet wird, ohne dass seine Zustimmung eingeholt wird. Diese Ausnahmen werden als *urheberrechtliche Schranken* bezeichnet und sind im Urhebergesetz ab den §§ 45 ff. UrhG aufgelistet. Diese Liste ist abschließend, weitere Ausnahmen kennt das Urheberrecht nicht.

Alle Schranken sind sehr eng und urheberfreundlich auszulegen. Sollten Sie Zweifel haben, ob eine Ausnahme einschlägig ist, sollten Sie deshalb besser die Einwilligung des Fotografen und des Schöpfers des abgebildeten Werks einholen und nicht auf die Ausnahme vertrauen.

Wichtig für die Fotoverwendung sind insbesondere:

- Panoramafreiheit, § 59 Abs. 1 UrhG
- Berichterstattung über Tagesereignisse, § 50 UrhG
- unwesentliches Beiwerk, § 57 UrhG
- Privatkopie, § 53 UrhG
- Zitate, § 51 UrhG

Sofern die Abbildung durch eine dieser (oder andere) gesetzlichen Ausnahmen (Schranken) gerechtfertigt ist, bedarf es keiner Zustimmung des Urhebers zur Abbildung seines Werks.

Panoramafreiheit

Die wohl bekannteste Ausnahme des Urheberrechts ist die sogenannte Panoramafreiheit. Sie erlaubt es, Fotos von urheberrechtlich geschützten Werken zu verwenden, wenn sich die *Werke dauerhaft an öffentlichen Wegen, Straßen oder Plätzen befinden.* Zweck dieser Ausnahme ist es, das Fotografieren einer normalen Straßenperspektive zu ermöglichen, ohne dass auf urheberrechtlich geschützte Werke geachtet werden muss.

Damit wird aber bereits deutlich, dass Fotografien, die nicht die normale Straßenperspektive zeigen, z.B. weil sie mit Hilfsmitteln wie Leitern, Drohnen, Kränen, Teleobjektiven oder aus Gebäuden heraus angefertigt wurden, nicht mehr unter Hinweis auf die Panoramafreiheit verwendet werden können.

Hinweis
Der Begriff der Panoramafreiheit wird häufig auch abseits des Urheberrechts gebraucht, z.B. wenn es darum geht, dass es erlaubt ist, ein beliebiges Objekt von öffentlichem Straßenland aus zu fotografieren. Richtig ist er aber nur im Zusammenhang mit der zulässigen Abbildung von urheberrechtlich geschützten Werken, die sich *dauerhaft an öffentlichen Wegen, Straßen oder Plätzen befinden.*

Die Werke müssen dazu bestimmt sein, *bleibend* ausgestellt zu sein. Bei Fotos selbst dürfte das nur selten der Fall sein, diese werden häufig bald wieder abgehängt. Denken Sie nur an Werbeposter oder Schaufensterdekoration. Unproblematisch sind aber auf Dauer angelegte Werke wie Bauwerke, Denkmälern, Straßenlaternen usw., die dafür gedacht sind, lange bestehen zu bleiben. Auch die Bemalung von mobilen Kunstträgern wie Autos und Schiffen kann bleibend sein. Weniger eindeutig ist die Sachlage bei vorübergehenden Kunstinstallationen oder -aktionen oder bei Graffiti.

Beispiel

Ein Fotograf stellt Bilder des »Verhüllten Reichstags« des Künstlerehepaares Christo und Jeanne-Claude her und vertreibt diese als Postkarten. Hiergegen haben sich die Künstler erfolgreich wehren können, denn die Kunstinstallation »Verhüllter Reichstag« war von Beginn an nur auf wenige Wochen ausgelegt. Damit war sie nicht bleibend im Sinne des § 59 Abs. 1 UrhG. Der Fotograf hätte für die Verwertung der Fotografien also die Zustimmung von Christo und Jeanne-Claude einholen müssen (BGH, Urteil vom 24.1.2002 – I ZR 102/99).

Bei der Frage nach der Dauerhaftigkeit des Werks kommt es zum einen auf den Willen des Künstlers an. Ist eine Installation bereits zu Beginn nur auf kurze Zeit angelegt – Lichtshows, Feuerwerk oder kurzzeitige Installationen wie etwa die Verhüllung des Berliner Reichstags –, kann man sich bei der Verwendung einer Abbildung des Werks nicht auf die Panoramafreiheit berufen. Möchte der Künstler allerdings, dass sein Werk dauerhaft sichtbar bleibt, greift die Ausnahme der Panoramafreiheit auch dann, wenn es schon nach kurzer Zeit wieder deinstalliert wird, z.B. bei illegalem Graffiti, das von einer Hauswand entfernt wird. Natürlich kann sich aber der Künstler nicht vorbehalten, das Werk möglicherweise irgendwann einmal wieder demontieren zu wollen. Damit würde die Panoramafreiheit ad absurdum geführt. Es muss daher auch darauf geschaut werden, zu welchem Zweck das Werk aufgestellt wurde. Stimmt der Künstler z.B. zu, dass ein Werk mindestens fünf Jahre an der gleichen Stelle gezeigt werden soll, ist dies bleibend im Sinne des Gesetzes.

Zuletzt ist es maßgeblich, dass sich das Werk an öffentlichen Wegen, Straßen oder Plätzen befindet. *Befinden* heißt nur, dass es ohne Hilfsmittel von öffentlichem Land aus sichtbar ist. Eine Statue in einem privaten Vorgarten kann dementsprechend unter Verweis auf die Panoramafreiheit ohne Zustimmung des Künstlers fotografiert werden, wenn sie ohne Hilfsmittel vom Gehweg aus zu sehen ist.

Wege, Straßen und Plätze sind dann *öffentlich*, wenn sie im Gemeinge-
brauch stehen und für jedermann frei zugänglich sind. Öffentliche Wege
sind in diesem Sinne auch für jedermann frei zugängliche Privatwege und
Privatparks, nicht jedoch privates Gelände, das eingezäunt ist oder das
durch Einlasskontrollen beschränkt ist.

Vorsicht
Gerade bei Privatanlagen muss die Panoramafreiheit mit Vorsicht genossen werden, auch wenn sie öffentlich zugänglich sind. Denn hier steht die fotografische Verwertung der dort befindlichen Fotos dem Eigentümer bzw. Hausrechtseinhaber zu. Dieser kann darüber bestimmen, ob und wie sein Eigentum fotografiert werden darf. Mehr dazu unter Abschnitt 7.2.1 und Abschnitt 7.2.2.

Auch wenn ein Werk aufgrund der Panoramafreiheit fotografisch vervielfältigt werden darf, ohne dass der Fotograf seine Zustimmung erteilt,
muss jedoch wiederum auf die korrekte *Quellenangabe* geachtet werden. Wie diese auszusehen hat, erfahren Sie in Abschnitt 5.1.4.

Skulptur: Arnold Schatz, Volkspark Humboldthain, Berlin

***Abb. 7.5:** Die abgebildete Skulptur ist dauerhaft aufgestellt und von
öffentlichem Straßenland aus sichtbar, damit kann sie unter Berufung auf
die Panoramafreiheit fotografiert werden. Bei dem Graffiti kommt es
darauf an, ob der Künstler wollte, dass es dauerhaft auf dem Sockel
bleiben sollte. Wenn ja, gilt die Panoramafreiheit auch bezüglich des
Graffitis. Ob der Künstler das Graffiti dauerhaft anbringen wollte, ergibt
sich normalerweise aus den Umständen.*

Abb. 7.6: Die Panoramafreiheit gilt nur für Fotografien aus der Straßenperspektive. Sobald man diese verlässt, z.B. durch den Einsatz von Hilfsmitteln, kann man sich auf die Panoramafreiheit nicht berufen.

Beispiel

Ein Anbieter von Ausflugsreisen betreibt eine Webseite, auf der er ein Foto eines Kreuzfahrtschiffes veröffentlicht. Auf dem Foto ist auch die auffällige und charakteristische Bemalung des Kreuzfahrschiffes mit dem »Kussmund« zu erkennen. Die Nutzung des Fotos ist zulässig, da auch Wasserstraßen dem öffentlichen Raum zuzuordnen sind, solange das Schiff von öffentlich zugänglicher Perspektive aufgenommen wurde (BGH, Urteil vom 27.04.2017 – I ZR 247/15).

Zulässige Verwendung in Presse und Berichterstattung

Die Verwendung von Abbildungen urheberrechtlich geschützter Werke, die z.B. in einer Galerie ausgestellt werden, ist ohne die Zustimmung des Urhebers zulässig, wenn sie zur *Berichterstattung über tagesaktuelle Ereignisse* genutzt werden.

Diese Ausnahme schränkt die Rechte des Urhebers zugunsten von Rundfunk- und Fernsehberichterstattung und der Darstellung in Zeitungen, Zeitschriften und anderen Datenträgern ein und erlaubt im notwendigen Umfang die vergütungsfreie Vervielfältigung, Verbreitung und öffentliche Wiedergabe von Werken, die im Zusammenhang mit Tagesereignissen wahrnehmbar werden.

Dies dient zur Sicherung der Presse- und Meinungsfreiheit, da auf diese Weise schnelle Berichterstattung gewährleistet wird, ohne dass zeitraubend Lizenzen eingeholt werden müssen. Bei der Verwendung der Werke sind jedoch einige Einschränkungen zu beachten.

Vorsicht
Diese Schranke des Urheberrechts erlaubt es nicht per se, urheberrechtlich geschützte Werke wiederzugeben, selbst dann nicht, wenn es bei der Berichterstattung um sie geht. Sie selbst müssen bei dem Ereignis, über das berichtet wird, sichtbar gewesen sein. Diese urheberrechtliche Schranke erlaubt es auch nicht, jedes Foto eines Werks kostenfrei zu verwenden, nur weil es einen Pressebeitrag passend illustriert. Sie hebt nicht den Urheberschutz an dem Foto des Werks selbst auf, sondern lockert nur den Urheberschutz der abgebildeten Objekte. Sie erlaubt also nicht, das Foto eines fremden Urhebers großformatig zur Bebilderung des Beitrags zu nutzen, einfach weil es möglicherweise zum Thema passt. Für die Verwendung des Fotos müssen Sie eine Lizenz einholen – Ausnahme: Nur wenn über ein Ereignis berichtet wird, bei dem gerade dieses Foto zu sehen war, kann sich der Verwender auf diese Ausnahme berufen und das Foto wiedergeben. Damit ist der Anwendungsbereich der Schrankenregelung sehr eng!

Es muss sich um einen Bericht über ein *Tagesereignis* handeln, also um ein aktuelles Geschehen, an dem ein berechtigtes Interesse der Öffentlichkeit besteht. *Berichterstattung* meint dabei die sachliche Schilderung einer tatsächlichen Begebenheit. Bloße Kommentare und Meinungsäußerungen sind keine Berichterstattung.

Wie aktuell das Geschehen sein muss, hängt mit der Erscheinungsweise des jeweiligen Mediums zusammen. Bei einer täglich erscheinenden Zeitung oder einem kurzlebigen Onlinemedium, wie einem Newsticker, einem Blog oder einer Nachrichtenseite, kann ein Geschehen allenfalls ein paar Tage aktuell sein. Erscheint das Medium dagegen seltener, wie zum Beispiel ein monatliches Printmagazin, kann auch ein Wochen später erscheinender Bericht noch aktuell sein.

Maßgeblich ist allerdings, dass das abgebildete *Werk im Zusammenhang mit dem Ereignis* steht und in *seinem Ablauf sichtbar oder hörbar, also tatsächlich wahrnehmbar* war. Wird über ein Werk nur gesprochen, darf es bei der Berichterstattung auch nicht ohne Weiteres gezeigt werden. Berichtet man beispielsweise von einem Künstler, dürfen dessen Gemälde nicht als Illustration des Artikels verwendet werden. Wird andererseits beispielsweise über eine Theateraufführung in einem Online-Magazin berichtet, können die Fotos der Bühnengeschehnisse zur Bebilderung des Beitrags verwendet werden. Wichtig ist, dass Gegenstand der Berichterstattung das Ereignis und nicht das Bild selbst ist.

Beispiel

Ein Online-Magazin will über eine Ausstellungseröffnung berichten. Der Beitrag wird mit Fotos bebildert, auf denen auch die Fotos der Ausstellung sichtbar sind. Das ist dann zulässig, wenn die Berichterstattung noch aktuell ist und das Foto nicht als übermäßiger »Eyecatcher« verwendet wird. Soll der Beitrag archiviert werden, müssen die Fotos aber entfernt werden.

Beispiel

Auf einer Demonstration trägt ein Demonstrant ein Transparent, das das Bild »Guerrillero Heroico« von Che Guevara des Fotografen Alberto Korda zeigt. Dieses Foto ist grundsätzlich urheberrechtlich geschützt. Da es allerdings bei dem Ereignis – der Demonstration – wahrnehmbar war – ein Demonstrant hat das Plakat gezeigt –, kann es auf einem Foto, das die Demonstration inklusive »Guerrillero Heroico« zeigt, verwendet werden, wenn über die Demonstration berichtet werden soll.

Beispiel

In den Tagesthemen wird über den außergewöhnlichen Fund einer Kunstsammlung in der Privatwohnung eines älteren Herrn berichtet, wobei es sich möglicherweise um Raubkunst der Nazis handelt. Dabei werden Aufnahmen gezeigt, die die Polizei bei der Besichtigung der Wohnung angefertigt hat und auf denen einige Fotografien aus der Kunstsammlung zu sehen sind. Die Wiedergabe der Fotos in dem Video ist von der Berichterstattung über Tagesereignisse gedeckt.

Wichtig zu beachten ist, dass das Werk in Art und Umfang nur zu Informationszwecken verwendet werden darf. Dies verbietet eine Verwendung als seitenfüllenden *Eyecatcher*, sofern dies nicht für die Berichterstattung erforderlich ist, sondern nur Aufmerksamkeit erregen soll.

Beispiel

Monate nach dem spektakulären Fund (siehe Beispiele oben) veröffentlicht ein Kunsthistoriker eine Abhandlung über die mangelhafte Aufarbeitung der Enteignung von Kunst nach dem Zweiten Weltkrieg. Als Cover der Abhandlung ist großformatig ein Foto eines Gemäldes von May Liebermann abgebildet, das bei der Hausdurchsuchung wiederentdeckt wurde. Diese Verwendung ist nicht zulässig, da sie zum einen nicht mehr tagesaktuell ist und die Verwendung auch wie ein Eyecatcher die Aufmerksamkeit auf die Abhandlung ziehen soll.

Ebenso darf das Werk nur *zeitlich befristet* genutzt werden und muss dann entfernt werden, wenn das damit verbundene Ereignis nicht mehr tagesaktuell ist. Dies ist jedenfalls dann der Fall, wenn die Berichterstattung von den Lesern oder Zuschauern nicht mehr als Gegenwartsberichterstattung empfunden wird.

Es gibt allerdings keine festen Regeln, wann die Aktualität eines Ereignisses verloren geht. Im schnelllebigen Internet wird man wohl davon ausgehen müssen, dass die Tagesaktualität bereits nach einigen Tagen wieder verflogen ist. Dann darf die Abbildung für Dritte nicht mehr auffindbar sein. Das bedeutet, dass man sie von seinen Internetseiten entfernen muss. Auch über Suchmaschinen darf der Beitrag dann nicht mehr gefunden werden können! Wird ein Artikel oder Blogbeitrag archiviert und bleibt er für Dritte dauerhaft abrufbar, muss die Fotografie also entfernt werden, wenn die Aktualität des Ereignisses vorüber ist. Die Ausnahme der Berichterstattung über tagesaktuelle Ereignisse erlaubt keine dauerhafte Bereitstellung von Fotos in digitalen Online-Archiven.

Beispiel

Verwendet eine Tageszeitung Fotografien, auf denen urheberrechtlich geschützte Werke auf einer Kunstausstellung zu sehen sind, und beruft sie sich hierbei auf die Ausnahme der Berichterstattung über Tagesereignisse, ist ihr nicht erlaubt, diese Fotografien dauerhaft zu archivieren und der Öffentlichkeit zur Verfügung zu stellen. Die Fotografien dürfen nur so lange verwendet werden, wie die betreffende Kunstausstellung als Tagesereignis verstanden wird. (BGH, Urteil vom 5.10.2010 – I ZR 127/09)

Bei der Verwendung muss außerdem zwingend ein Hinweis auf die *Bildquelle* gegeben werden. Wie diese auszusehen hat, erfahren Sie in Abschnitt 5.1.4.

Urheberrechtlich geschützte Werke als unwesentliches Beiwerk

Häufig ist das urheberrechtlich geschützte Werk nur im Hintergrund einer Aufnahme zu sehen. Ist es sogar nur *unwesentliches Beiwerk*, verstößt seine Verwendung nicht gegen die Rechte des Urhebers.

Ein Werk ist dann Beiwerk, wenn man sich das Werk in der Abbildung wegdenken oder durch ein anderes ersetzen könnte, ohne dass sich die Bildaussage verändert.

Bei einem Landschaftsfoto, bei dem man im Hintergrund ein urheberrechtlich geschütztes Werk sehen kann, handelt es sich z.B. bei dem Werk eher um ein unwesentliches Beiwerk. Steht das Werk aber im Mittelpunkt, weil sich der Bildinhalt gerade um seine Darstellung dreht, kommt es nicht mehr infrage, dass es sich um ein unwesentliches Beiwerk handelt. Auch wenn es stil- oder stimmungsprägend ist, kann es kein unwesentliches Beiwerk mehr sein. In diesem Fall muss der Werksschöpfer um Einverständnis gebeten werden, wenn man die Fotografie seines Werks verwenden will.

Abb. 7.7: Die im Hintergrund sichtbaren Fotografien sind beliebig. Würde man sie durch andere Fotografien austauschen, wäre die Bildaussage weiterhin gleich. Sie sind unwesentliches Beiwerk.

Anders als bei den vorgenannten Schranken ist eine Quellenangabe nicht notwendig, wenn das Werk auf dem Foto nur ein unwesentliches Beiwerk ist.

Beispiel

Auf einer Webseite eines Herstellers für exklusive Büromöbel werden Einrichtungsbeispiele gezeigt. Dabei befindet sich in einem Beispielraum neben eher schlichten, schwarz-weißen Möbeln ein sehr auffälliges, farblich dominantes rotes Gemälde an der Wand. Das Gemälde ist dann kein unwesentliches Beiwerk mehr, weil es dazu dient, den besonderen Stil der Möbel und die luxuriöse Stimmung der Einrichtung zu unterstreichen (BGH, Urteil vom 17.11.2014 – I ZR 177/13).

Kopien für private Zwecke

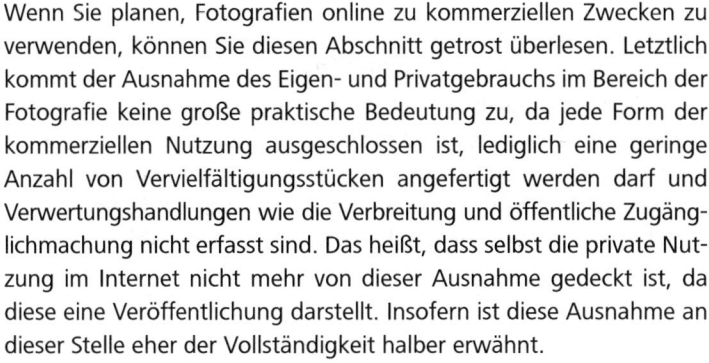

Vorsicht

Wenn Sie planen, Fotografien online zu kommerziellen Zwecken zu verwenden, können Sie diesen Abschnitt getrost überlesen. Letztlich kommt der Ausnahme des Eigen- und Privatgebrauchs im Bereich der Fotografie keine große praktische Bedeutung zu, da jede Form der kommerziellen Nutzung ausgeschlossen ist, lediglich eine geringe Anzahl von Vervielfältigungsstücken angefertigt werden darf und Verwertungshandlungen wie die Verbreitung und öffentliche Zugänglichmachung nicht erfasst sind. Das heißt, dass selbst die private Nutzung im Internet nicht mehr von dieser Ausnahme gedeckt ist, da diese eine Veröffentlichung darstellt. Insofern ist diese Ausnahme an dieser Stelle eher der Vollständigkeit halber erwähnt.

Besonders aus dem Bereich der Musik bekannt ist die Ausnahme der *Privatkopie*. Sie ermöglicht in sehr engem Rahmen die *Vervielfältigung von urheberrechtlich geschützten Werken zu privaten Zwecken*. Überflüssig zu betonen, dass sich gewerblich handelnde Bildverwender auf diese Schranke nicht berufen können.

Privatpersonen dürfen unter bestimmten Voraussetzungen zu rein privaten Zwecken und ausschließlich zum eigenen Gebrauch Werke durch Abfotografieren kopieren oder einen Abzug machen, ohne hierfür die Zustimmung des Urhebers einzuholen. Privatgebrauch heißt dabei wirklich privat, das heißt, die Verwendung muss klar von jeglichen beruflichen Zwecken abtrennbar sein.

Beispiel

In einer Privatwohnung, die zum Teil auch geschäftlich genutzt wird, z.B. als Behandlungszimmer eines Therapeuten, kann man wohl nicht mehr von Privatgebrauch sprechen, wenn das Foto in einem Raum mit Publikumsverkehr hängt.

Der Verwender muss zwar nicht Eigentümer der Vorlage sein, allerdings darf die Vorlage auch nicht offensichtlich rechtswidrig hergestellt oder offensichtlich rechtswidrig öffentlich zugänglich gemacht worden sein. Das ist insbesondere bei Raubkopien oder bei Downloads aus dem Internet problematisch.

Wird die Privatkopie digital angefertigt, dürfen außerdem *technische Schutzmaßnahmen* des Fotografen, die eine Vervielfältigung verhindern sollen, nicht umgangen werden, z.B. ein elektronischer Kopierschutz geknackt werden.

Beispiel

Auf einer CD überlässt ein Fotograf einem Kunden Fotos. Die CD ist mit einem Kopierschutz versehen. Kopiert der Verwender die CD mit einem Brennprogramm, das den Kopierschutz durchbricht, um die Fotos privat zu verwenden, ist die Vervielfältigung nicht mehr durch die Ausnahme der Privatkopie gedeckt.

Es dürfen auch *nicht unbegrenzt viele* Privatkopien angefertigt werden. Eine gesetzliche Obergrenze gibt es zwar nicht, allerdings spricht das Urhebergesetz nur von »einzelnen« Vervielfältigungsstücken. In der Regel kann man davon ausgehen, dass mehr als sieben Abzüge jedenfalls zu viele sind.

Die größte Einschränkung erfährt die Privatkopie jedoch in der tatsächlichen Verwendung des Abzugs: Jegliche Verbreitung der Privatkopie ist untersagt, auch wenn sie zu rein privaten Zwecken erfolgt. So ist es zulässig, eine Kopie einer Fotografie anzufertigen und diese in der Privatwohnung auszustellen, bereits das Hochladen auf eine (private) Webseite oder in soziale Netzwerke, z.B. Facebook, ist aber unzulässig.

Beispiel

Eine Person lässt ein Porträt von sich anfertigen, erhält aber nur einen Abzug, der noch dazu als »Entwurf« gekennzeichnet ist. Diesen scannt die Person ein und druckt zwei Exemplare der Kopie aus, um sie in der Wohnung aufzuhängen. Diese Nutzung ist zulässig. Unzulässig wäre es aber, wenn das Porträt anschließend zu Facebook hochgeladen wird (BGH, Urteil vom 19.03.2014 – Az. I ZR 35/13).

Eine *Quellenangabe* bei einer Kopie ist nur dann erforderlich, wenn die Vervielfältigung zu wissenschaftlichen Zwecken erfolgte. Hängt die Kopie an einer Wohnzimmerwand im privaten Umfeld, ist eine Quellenangabe nicht notwendig. Wie die Quellenangabe auszusehen hat, erfahren Sie in Abschnitt 5.1.4.

Änderungen des Werks sind nur in sehr engem Rahmen zulässig, es gilt das Gleiche wie in Abschnitt 5.1.7 ausgeführt.

Urhebernennung/Quellenangabe

Auch wenn eine Verwendung des Werks ohne Zustimmung des Urhebers zulässig ist, muss er dennoch genannt werden. Die Pflicht zur Urhebernennung, wie in Abschnitt 1.1 beschrieben, entfällt nur in wenigen Ausnahmefällen, z.b. wenn es sich bei der Abbildung des Werks nur um ein unwesentliches Beiwerk handelt. Ist die Fotonutzung z.b. unter dem Gesichtspunkt der Panoramafreiheit oder der Berichterstattung über Tagesereignisse zulässig, müssen nicht nur der Urheber, sondern auch die Quelle angegeben werden, aus der das Foto stammt.

Welche Anforderungen an die Quellenangabe zu stellen sind und unter welchen Umständen sie noch entbehrlich ist, wird in Abschnitt 5.1.4 im Einzelnen erläutert.

Änderungsverbot

Hinsichtlich aller Werke, die aufgrund einer gesetzlichen Ausnahme ohne die Einwilligung des Urhebers abgebildet und deren Abbildung genutzt werden, gilt ein strenges Änderungsverbot. Was dies im Einzelnen bedeutet, finden Sie in Abschnitt 5.1.7 erklärt.

7.4.2   Fotos von Marken und anderen Kennzeichen

Hinweis
Man kann durch die Verwendung von Fotografien tatsächlich Markenrechte verletzen. Allerdings sind die Anwendungsfälle eher gering. Allein die Abbildung einer Marke verletzt noch keine Rechte, erst der markenmäßige Einsatz des Fotos kann Rechte verletzen.

Marken dienen hauptsächlich dazu, dass der Verbraucher ein Produkt oder eine Dienstleistung einem bestimmten Hersteller zuordnen kann, und damit dazu, den Absatz der Ware zu fördern (sog. *Herkunfts- und Unterscheidungsfunktion der Marke*). Schließlich kauft der Verbraucher Waren besonders gerne, wenn er deren Hersteller oder Anbieter als verlässlich, qualitativ hochwertig oder anderweitig positiv kennt. Aus diesem Grund sollen diese Herkunftskennzeichen besonders geschützt werden.

Bei geschützten Marken denkt man häufig allein an Logos oder Schriftzüge. Dabei gibt es eine Vielzahl von verschiedenen Markenarten. Das deutsche Markenrecht kennt neben den klassischen Marken – Wort-, Bild- und Wort-/Bildmarke – auch u.a. noch Hörmarken, Farbmarken, Geruchsmarken, Positionsmarken und dreidimensionale Marken. Bis auf die Geruchs- und Hörmarken können alle genannten Markenarten im Rahmen der Verwendung von Fotos eine Rolle spielen.

Entstehung des Markenschutzes

Der Markenschutz entsteht auf zweierlei Arten, durch die Eintragung in ein Markenregister (sog. *Registermarken*) und durch Benutzung der Marke, wenn sie eine gewisse Bekanntheit erlangt hat (sog. *Benutzungsmarken*).

Bei eingetragenen Marken ist der Markenschutz auf den Geltungsbereich des jeweiligen Markenamts territorial begrenzt. Bei einer Eintragung im Register des Deutschen Patent- und Markenamts (DPMA) entsteht der Schutz der Marke also nur in Deutschland, bei der Eintragung in das Register des Amtes der Europäischen Union für geistiges Eigentum (EUIPO) in allen Mitgliedsstaaten der Europäischen Union gleichzeitig. Der Inhaber einer polnischen Marke kann also z.B. nicht verbieten, dass seine Marke in Deutschland benutzt wird.

Ob und in welchem Umfang eine Marke durch Eintragung Schutz erlangt hat, lässt sich schnell durch eine Recherche in den online abrufbaren Markenregistern erfahren.

Tipp
Die meisten nationalen Markenämter bieten inzwischen auf ihren Internetseiten die Möglichkeit, die Markenregister online zu durchsuchen. Eine gute Übersicht der nationalen Markenämter inklusive ihrer Internetadressen bietet die World Intellectual Property Organisation unter *http://www.wipo.int/directory/en/urls.jsp*.
Mehrere Markenämter innerhalb und außerhalb der EU gleichzeitig lassen sich mit dem kostenlosen Tool TMview des EUIPO unter *https://www.tmdn.org/tmview* durchsuchen.
Das Register des DPMA erreichen Sie unter *https://register.dpma.de/DPMAregister/marke*.

Benutzungsmarken kann man in diesen Registern jedoch nicht recherchieren. Der Verwender muss sich deshalb häufig auf seine eigene Marktkenntnis verlassen in der Hoffnung, dass ihm eine Benutzungsmarke nicht unbekannt geblieben wäre.

Geschäftliche Bezeichnungen

Auch geschäftliche Bezeichnungen wie *Unternehmenskennzeichen* – z.b. die Namen von juristischen Personen – und *Werktitel* – z.B. Buch- und Filmtitel – genießen Kennzeichenschutz. Sie werden in kein Register eingetragen. Vielmehr entsteht der Kennzeichenschutz bereits dann, wenn sie im geschäftlichen Verkehr benutzt wurden.

Markenverletzung durch Fotografie

Allein durch das Abfotografieren eine Marke werden noch keine Markenrechte verletzt. Es kommt vielmehr darauf an, wie das Foto verwendet wird.

Ein Foto der Marke kann zunächst nur dann die Markenrechte verletzen, wenn es zum *Zwecke des Absatzes von Waren oder Dienstleistungen im geschäftlichen Verkehr* benutzt wird. Man spricht insoweit von einer *markenmäßigen Benutzung*.

Bei der Beurteilung der markenmäßigen Nutzung ist eine Pauschalierung nicht möglich, es erfordert immer eine Einzelfallbetrachtung. Deshalb ist die Frage, wann eine Marke markenmäßig verwendet wird, eine der umstrittensten Fragen im Bereich des Markenrechts.

Vereinfacht ausgedrückt liegt eine markenmäßige Nutzung immer dann vor, wenn die Marke zur Kennzeichnung eines Produkts als von einem bestimmten Herstellungsbetrieb stammend mit dem Zweck verwendet wird, den Absatz einer Ware oder Dienstleistung zu fördern. Dabei kommt es nicht darauf an, was der Verwender beabsichtigt, sondern wie die Verwendung aus Sicht der maßgeblichen Verkehrskreise (in erster Linie der Verbraucher) wirkt. Die Marke muss also als Herkunftszeichen genutzt werden und den eigenen Warenabsatz begünstigen.

Beispiel

Ein Verein betreibt ein Online-Forum für Autos einer bestimmten Automarke. Dieses Forum beinhaltet auch ein Wiki, in dem die Modelle des Autoherstellers einzeln beschrieben werden. Zur Illustration ist jedem Eintrag ein Foto des jeweiligen Modells beigefügt, auf dem auch das Markenemblem des Herstellers gut zu erkennen ist. Dies stellt keine Markenverletzung dar.

Eine Verwendung auf einer *privaten Internetseite* kann deshalb bereits keine Markenverletzung sein, weil sie nicht im geschäftlichen Verkehr erfolgt. Fotos von Marken können aber auch im gewerblichen Rahmen genutzt werden, wenn sie nicht dazu dienen, den Absatz zu fördern, sondern beispielsweise nur illustrierend genutzt werden.

Abb. 7.8: Auf dem Bild ist gleich mehrmals die eingetragene Marke »COPYTRACK« wiedergegeben. Allein durch das Abfotografieren wird die Marke jedoch nicht verletzt. Es kommt darauf an, wie das Foto später verwendet wird. Wird es dazu eingesetzt, die eigenen Waren oder Dienstleistungen besser zu verkaufen, kann eine unrechtmäßige Nutzung vorliegen. Dient das Foto allerdings anderen Zwecken, z.B. der Illustration eines redaktionellen Beitrags, kann das Foto trotz der abgebildeten Marken genutzt werden.

Soll die Fotografie der fremden Marke aber den Verkauf der eigenen Ware ankurbeln, liegt in der Regel eine markenmäßige Nutzung vor. Das ist insbesondere dann der Fall, wenn der besondere Werbewert einer Marke ausgenutzt wird oder man sich an den guten Ruf einer Marke anhängen möchte.

Beispiel

Ein Hersteller von Getränken möchte seine Ware im Luxussegment positionieren und lässt für seine Werbekampagne Models vor einer Luxuslimousine fotografieren, wobei das Markenemblem des bekannten Autoherstellers deutlich zu sehen ist. Die Fotografie wird als Werbung in Zeitschriften veröffentlicht. In diesem Fall wird die Wertschätzung der bekannten Marke ausgenutzt und die Markenrechte des Autoherstellers werden verletzt (BGH, Urteil vom 9.12.1982 – I ZR 133/80).

Beispiel

Im Rahmen eines Preisausschreibens wirbt eine Zeitschrift großformatig mit einem Foto des Hauptgewinns – eines Ferraris. Dies ist zulässig, da die mit dem Luxusgewinn einhergehende Werbewirkung der Großzügigkeit des Ausrichters des Preisausschreibens innewohnt. Jedenfalls wird die Wertschätzung der Marke nicht unzulässig ausgenutzt (BGH, Urteil vom 3.11.2005 – I ZR 29/03).

Beispiel

Ein Modelabel lässt die neue Kollektion auf einem belebten Platz in einer Großstadt fotografieren. Im Hintergrund sind die Namen von Geschäften und Marken auf Werbeplakaten sichtbar. Die Fotografien werden im Modeblog des Labels veröffentlicht. Das ist zulässig, da die Marken im Hintergrund nicht als Herkunftszeichen dienen.

Natürlich ist es andererseits zulässig, das Foto der Marke zu benutzen, wenn die Beschreibung der Ware oder Dienstleistung anderweitig nur sehr schwer oder überhaupt nicht möglich wäre, etwa beim Verkauf von Produkten, die mit einer Marke gekennzeichnet sind. Die Abbildung der Marke darf jedoch nur so weit erfolgen, wie es für die Beschreibung des Produkts tatsächlich erforderlich ist.

Beispiel

Ein Online-Shop-Betreiber macht Produktfotos der in seinem Shop vertriebenen Waren. Dabei lässt es sich nicht vermeiden, das Logo des Herstellers zu fotografieren, das auf dem Gerät angebracht ist. Die Fotos verwendet er, um die Produktseite in seinem Shop zu illustrieren. Diese Abbildung der Marke muss der Hersteller dulden.

Beispiel

Ein Händler für Auto-Ersatzteile bringt einen Online-Prospekt heraus. Da er auch Ersatzteile für Volkswagen anbietet, verwendet er das Emblem des Automobilherstellers neben Abbildungen von Ersatzteilen, um die Käufer auf die Kompatibilität hinzuweisen.

Diese Verwendung ist unzulässig, weil sie nicht zwingend notwendig ist, um die Produkte zu beschreiben. Es würde ausreichen, »für VW« oder »für Volkswagen« zu schreiben. Dies wäre zulässig (BGH, Urteil vom 14.4.2011 – I ZR 33/10 – Große Inspektion für alle).

7.4.3   Fotos von Designs

Auch durch das Abfotografieren von Designs können Rechte Dritter verletzt werden. Unter bestimmten Umständen ist es aber durchaus zulässig.

Wichtig
Das Designrecht sieht nur wenige Ausnahmen vor, wann ein Design ohne die Zustimmung des Designinhabers verwendet werden darf. Insofern ist bei der Verwendung von Fotos, die geschützte Designs zeigen, Vorsicht geboten.

Das Designrecht, früher Geschmacksmusterrecht, schützt die *ästhetische Erscheinungsform eines Produkts*. Geschützt werden können z.b. Linien, Konturen, Farben, die Gestalt, die Oberflächenstruktur oder die Werkstoffe des Produkts. Designs können damit ganz verschiedene Ausprägungen haben, z.B. als Stoffmuster, Verpackungen, Flaschenformen etc.

Entstehung des Designschutzes

Wie auch bei Marken entsteht der Designschutz in den meisten Fällen durch Eintragung in das *Designregister*, allerdings auch in engen Grenzen durch die Benutzung des Designs.

Designregister werden z.B. vom Deutschen Patent- und Markenamt (DPMA) und dem Amt der Europäischen Union für geistiges Eigentum (EUIPO) geführt. Wie bei Marken ist auch der Schutz von Designs territorial begrenzt.

Die Register sind wie die Markenregister recherchierbar, allerdings erfordert dies etwas mehr Übung oder zumindest Kenntnis über die Person des Designinhabers.

> ## Tipp
>
> Mehrere Markenämter innerhalb und außerhalb der EU gleichzeitig lassen sich mit dem kostenlosen Tool DesignView des EUIPO unter *https://www.tmdn.org/tmdsview-web* durchsuchen. Das Designregister des DPMA findet man unter *https://register.dpma.de/DPMAregister/gsm/einsteiger.*

Nicht alles kann als Design geschützt werden. Die Erscheinungsform muss neu sein und Eigenart haben, das heißt, sie darf so noch nicht da gewesen sein.

Designverletzung durch Fotografie

Das Designrecht gewährt dem Designinhaber das alleinige Recht, es zu benutzen und Dritten zu verbieten, es ohne seine Zustimmung zu benutzen. Darin enthalten ist auch das ausschließliche Recht, das Design wiederzugeben. Die Fotografie ist eine (zweidimensionale) Wiedergabe des Designs und erfordert somit das Einverständnis des Designinhabers.

Zulässigkeit des Abfotografierens von Designs

Allerdings ist nicht jede Wiedergabe eines Designs auch gleich eine Verletzung des Designs.

Handlungen im privaten Bereich zu nicht gewerblichen Zwecken

Zulässig ist die Wiedergabe von Designs durch Fotos im rein privaten Bereich, wenn sie zu nichtgewerblichen Zwecken erfolgt. Eine Handlung dient dann gewerblichen Zwecken, wenn sie auf einen wirtschaftlichen Vorteil ausgerichtet ist und im geschäftlichen Verkehr stattfindet.

Im privaten Bereich können ausschließlich natürliche Personen handeln. Selbst Organisationen, die keinem gewerblichen Zweck dienen, können sich nicht auf diese Ausnahme berufen.

Zitate

Designs dürfen fotografiert werden, wenn dies dazu dient, die Abbildung als Belegstelle oder Erörterungsgrundlage für eigene Ausführungen des Zitierenden zu benutzen. Diese Ausnahme erfordert deshalb eine innere Verbindung zwischen dem wiedergegebenen Muster und den eigenen Gedanken des Zitierenden. Ebenso wie das urheberrechtliche Zitatrecht, siehe Abschnitt 7.4.1, ist auch diese Ausnahme nur in engen Grenzen zu verstehen.

Beispiel

Der Betreiber eines Modeblogs berichtet über ein besonderes Kleidungsstück, das als geschütztes Design eingetragen ist, und geht dabei auf die gestalterischen Besonderheiten ein. Um seinen Artikel veranschaulichen zu können, bildet er das Kleidungsstück ab. Da eine inhaltliche Auseinandersetzung mit dem Design erfolgt, ist die Abbildung zulässig.

Beispiel

Die Abbildung eines ICE in einem Ausstellerkatalog zur Bewerbung des eigenen Leistungsangebotes ist unzulässig. Dies dient nicht dem Beleg der eigenen Ausführungen (BGH, Urteil vom 7.4.2011 – I ZR 56/09).

Weitere Ausnahmen vom Designschutz

Da das Designgesetz selbst nur sehr wenige Ausnahmen kennt, ist in verschiedenen Konstellationen auf die Ausnahmen aus anderen Gesetzen zurückgegriffen worden, beispielsweise auf die Ausnahme des unwesentlichen Beiwerks im Urheberrecht, siehe Abschnitt 7.4.1. Auch die Zulässigkeit einer Abbildung eines Designs, um eine Ware als Zubehör und Ersatzteil zu kennzeichnen, wie es im Markenrecht zulässig ist, siehe Abschnitt 7.4.2, wird von einigen Juristen befürwortet. Letztlich sind dies jedoch höchstens Ausnahmefälle, auf die Sie sich nicht verlassen sollten. Wenn Ihnen bekannt ist, dass eine Abbildung ein geschütztes Design zeigt, sollten Sie diese nicht kommerziell verwenden.

Wichtig

Da das Designrecht nur sehr wenige Ausnahmen kennt, die eine fotografische Verwendung eines geschützten Designs ohne Einwilligung des Designrechtsinhabers erlauben, empfiehlt es sich dringend, die Einwilligung des Rechteinhabers einzuholen, wenn ein solches Foto zu kommerziellen Zwecken genutzt werden soll.

7.4.4   Fotos von patentierten Gegenständen

> ### Hinweis
>
> Durch das Abfotografieren von Gegenständen wird weder in deren Patentschutz noch in ihren Gebrauchsmusterschutz eingegriffen.

Patente und Gebrauchsmuster sind Schutzrechte, die durch Anmeldung und Eintragung in das Patentregister entstehen. Sie schützen die technische Idee hinter einer Erfindung. Da diese Idee durch das Abfotografieren eines patentierten Gegenstandes weder hergestellt noch in Verkehr gebracht noch angewandt wird, wird dadurch weder in den Patentschutz noch in den Gebrauchsmusterschutz eingegriffen. Sie werden hier also nur der Vollständigkeit halber aufgeführt.

Bedacht werden sollte aber, dass beispielsweise Blaupausen, Skizzen oder Modelle, die die Erfindung wiedergeben, möglicherweise urheberrechtlich oder designrechtlich geschützt sein können, siehe Abschnitt 7.4.1 und Abschnitt 7.4.3. Dann ist eine Verwendung von fotografischen Abbildungen nur unter den oben genannten Voraussetzungen möglich.

Kapitel 8

Fotos von Personen – das Recht am eigenen Bild

Sind Personen auf dem Foto abgebildet, tritt neben die Urheberrechte ein davon gänzlich losgelöster neuer Rechtskreis, den es zu beachten gilt: das *Recht am eigenen Bild*.

Hinweis
Auch bei von Agenturen oder Fotografen erworbenen Personenfotos sollten Sie sich also vergewissern und sich nachweisen lassen, dass neben den Urheberrechten auch die Einwilligungen der auf dem Foto abgebildeten Person in ausreichendem Umfang eingeholt wurden.

Das Recht am eigenen Bild ist eine besondere Ausprägung des grundrechtlich geschützten allgemeinen Persönlichkeitsrechts. Gesetzlichen Schutz erhält das Recht am eigenen Bild über das Kunsturhebergesetz (*KUG*). Als geschützter Bereich seiner Lebensführung kann jeder Mensch grundsätzlich frei darüber entscheiden, ob und in welcher Form er in der Öffentlichkeit dargestellt werden möchte.

8.1   Was regelt das Gesetz? – Die Systematik des KUG

Nach dem *KUG* dürfen Bildnisse, also die Darstellung eines Menschen (Porträt), grundsätzlich nur mit der Einwilligung des Abgebildeten verbreitet oder öffentlich zur Schau gestellt werden, § 22 KUG.

Das KUG nennt jedoch *vier Ausnahmen*, bei deren Vorliegen die Einwilligung des Abgebildeten ausnahmsweise nicht erforderlich ist, § 23 KUG, die wir uns unten unter Abschnitt 8.5 anschauen.

Hinweis
Selbst wenn jedoch eine dieser Ausnahmen vorliegt, kann ein *berechtigtes Interesse* des Abgebildeten wiederum seine Einwilligung erforderlich machen. Man spricht bei dieser Gesetzessystematik vom *abgestuften Schutzkonzept*.

Als Grundsatz gilt und sollte stets beachtet werden:

Wichtig
Die öffentliche Nutzung eines Bildnisses bedarf der Einwilligung des Abgebildeten!

8.2 Was versteht man unter Verbreitung und öffentlicher Zurschaustellung?

Die Begriffe Verbreitung und öffentliche Zurschaustellung sind denkbar *weit zu verstehen*.

Hinweis
Für die Verbreitung reicht bereits ein Verschenken oder Verleihen im privaten Bereich aus.

Jede technische Veröffentlichung, z.B. im Internet, ist eine öffentliche Zurschaustellung. Auch ein, etwa auf Facebook, veröffentlichter Screenshot stellt eine solche Veröffentlichung dar.

Vorsicht
Selbst das bloße Verlinken auf ein Foto mit einer darauf abgebildeten Person auf einer anderen Internetseite kann als öffentliche Zurschaustellung angesehen werden (OLG München, Urteil vom 16.6.2007 – 18 U 2067/07).

In der Praxis wird zwischen den beiden Begriffen nicht immer klar unterschieden. Auch hier wird in der Folge der Einfachheit halber nur von der *Veröffentlichung* die Rede sein.

Hinweis
Das KUG gewährt Schutz gegen die unberechtigte Veröffentlichung, nicht jedoch gegen die *Herstellung* des Fotos – sprich die Fotoaufnahme selbst.

Jedoch kann auch bereits die Anfertigung des Fotos ohne Veröffentlichungsabsicht einen Eingriff in das allgemeine Persönlichkeitsrecht darstellen, denn das Foto beinhaltet, auch ohne Veröffentlichung, eine Gefahr des Kontrollverlustes über das eigene Bildnis.

Hinweis
Für die Herstellung eines Fotos gelten damit im Prinzip die gleichen Maßstäbe, die für die Veröffentlichung des Bildnisses nach dem KUG gelten. Wenn danach auch die öffentliche Verwendung zulässig ist, dann ist es die Herstellung erst recht.

Bereits die Herstellung eines Fotos kann jedoch auch *strafrechtlich relevant* sein, nämlich bei Verletzung des höchstpersönlichen Lebensbereichs einer Person durch ein Foto. Bereits die Herstellung von Fotos, aber auch deren unbefugte Weitergabe an Dritte, ist verboten und sogar mit Freiheitsstrafe bedroht, wenn die Fotos den Abgebildeten in einem *geschützten Lebensbereich* zeigen, z.B. in seiner Wohnung oder im Krankenhaus, oder ihn in einer *hilflosen Lage zur Schau stellen*, z.B. ein stark Betrunkener mit genässter Hose oder ein Verletzter eins Verkehrsunfalls (»Gaffer«-Foto), *§ 201a StGB.*

8.3   Was ist ein Bildnis?

Das KUG regelt also, wann ein Bildnis veröffentlicht werden darf. Aber was genau ist ein Bildnis?

Ein *Bildnis* ist die *erkennbare* bildliche Darstellung eines Menschen.

Hinweis
Auch dieses Merkmal ist denkbar weit zu verstehen. Umfasst ist die Wiedergabe des Erscheinungsbildes in jeder Form und in jedem Medium.

Bildnisse sind damit nicht nur das klassische Porträtfoto. Bildnisse können auch sein:

- ▸ Zeichnungen,
- ▸ Karikaturen,
- ▸ Comic-Figuren,

- ▸ Puppen,
- ▸ Doppelgänger,
- ▸ Avatare oder
- ▸ Computerspiel-Figuren.

Voraussetzung ist weiter, dass die bildlich dargestellte Person auch *erkennbar* ist. Auch diese Voraussetzung ist denkbar weit zu verstehen.

Wichtig
Für die Erkennbarkeit reicht es aus, wenn ein Personenkreis, den der Betroffene so nicht ohne Weiteres informieren kann, ihn in der Darstellung wiedererkennt.

Die Identifizierbarkeit im engeren Familien- und Freundeskreis genügt hingegen nicht.

Das Gesicht ist dabei nicht das einzige, wohl aber das wichtigste Erkennungsmerkmal. Die Erkennbarkeit kann auch anhand anderer Merkmale, wie einem Tattoo, auffälliger Kleidung, einer besonderen Körperhaltung, einer besonderen Frisur oder anhand des begleitenden Textes oder Kontextes gegeben sein.

Vorsicht
Die häufig von den Boulevardmedien gewählten Anonymisierungsformen des schwarzen Augenbalkens oder der Verpixelung des Gesichts sind unzureichend, weil in der Regel andere Erkennungsmerkmale nicht abgedeckt werden.

8.4 Einwilligung des Abgebildeten

Liegt ein Bildnis vor, ist die *Einwilligung* des Abgebildeten *zwingend* erforderlich, wenn keiner der unten dargestellten Ausnahmetatbestände vorliegt.

Die Einwilligung ist die *vorherige* Zustimmung des Abgebildeten (sog. Model-Release).

Besondere Anforderungen an die *Form* bestehen nicht. Sie kann auch mündlich erteilt werden. Die sog. *Darlegungs- und Beweislast*, wenn es später zu einem Streit über das Vorliegen der Einwilligung und ihre Reichweite kommt, trägt derjenige, der das Bildnis veröffentlichen will.

Tipp
Auch wenn die Einwilligung nicht schriftlich oder in einer besonderen Form zu erfolgen hat, ist zu Beweiszwecken dennoch die Einholung einer schriftlichen Einwilligung des Abgebildeten ratsam, denn derjenige, der das Foto veröffentlichen möchte, muss bei einem späteren Streit nachweisen, dass er über die erforderliche Einwilligung verfügt.

8.4.1   Veröffentlichung von Mitarbeiterfotos

Im *Arbeitsverhältnis* gelten hinsichtlich der Einwilligung einige Besonderheiten.

Stellt der Arbeitnehmer sein Bildnis im Rahmen seines Arbeitsverhältnisses zur Verfügung, etwa zur Bebilderung einer Broschüre oder für einen Imagefilm auf der Unternehmens-Webseite, so *muss* seine Einwilligung *schriftlich* vorliegen. Dies folgt aus dem Grundrecht auf informationelle Selbstbestimmung des Arbeitnehmers, das im Arbeitsverhältnis eines besonderen Schutzes bedarf.

Vorsicht
Im Arbeitsverhältnis muss die Einwilligung zur Veröffentlichung des Bildnisses stets schriftlich vorliegen.

8.4.2   Wenn dem Abgebildeten eine Vergütung gezahlt wurde

Die Einwilligung gilt im Zweifel zudem als erteilt, wenn der Abgebildete dafür, dass er sich abbilden ließ, eine *Vergütung* erhalten hat. Die Vergütung muss jedoch wirtschaftlich der Nutzung des Bildnisses entsprechen. Eine »warme Mahlzeit« entspricht z.B. wirtschaftlich nicht der Nutzung des Bildnisses für eine weltweite Werbekampagne.

Häufig erfolgt eine Bezahlung eines Models auch nach dem sog. *Time for prints*-Prinzips (kurz *TFP*), bei dem das Model als Vergütung Abzüge oder die Fotos auf CD/DVD erhält.

8.4.3   Was gilt bei nicht voll Geschäftsfähigen?

Ist der Abgebildete *geschäftsunfähig*, hat er also das 7. Lebensjahr noch nicht vollendet, bedarf es der Einwilligung des gesetzlichen Vertreters, mithin bei Kindern in der Regel der Eltern.

Bei *beschränkt Geschäftsfähigen*, insbesondere einsichtsfähigen Kindern, die das 7., aber noch nicht das 18. Lebensjahr vollendet haben, muss sowohl die Einwilligung der Eltern als auch die des Kindes vorliegen. Es kommt zu einer *Doppelzuständigkeit*. Die erforderliche Einsichtsfähigkeit wird i.d.R. ab einem Alter von 14 Jahren vorliegen.

8.4.4   Wie kann die Einwilligung erteilt werden?

Die Einwilligung kann *ausdrücklich* aber auch *stillschweigend* (konkludent) erklärt werden.

Eher unproblematisch gestaltet sich die ausdrückliche Einwilligung. Hierbei handelt es sich natürlich um den Idealfall.

Aus Gründen der Rechtssicherheit und der Beweislast ist aber stets empfehlenswert, dass die Einwilligung schriftlich vorliegt und insbesondere *Art*, *Zweck* und *Umfang* der Veröffentlichung nennt.

Vorsicht
Eine formularmäßig eingeholte Einwilligung der Teilnehmer eines Gewinnspiels zur Nutzung ihres Bildnisses für Werbezwecke kann unwirksam sein.

Die Erteilung der Einwilligung kann zwar formlos erfolgen. Jedoch muss der Abgebildete insbesondere den konkreten *Verwendungszweck* der Veröffentlichung so genau wie möglich kennen. So sollte Klarheit herrschen, ob die Veröffentlichung z.B. zu Werbezwecken oder im redaktionellen Bereich erfolgt.

Wichtig
Dem Abgebildeten müssen Zweck, Art und Umfang der geplanten Verwendung seines Bildnisses bekannt sein. Nur dann kann er wirksam einwilligen.

Der *räumliche und zeitliche Umfang der Veröffentlichung* sollte also stets geklärt sein. Das bedeutet die Beantwortung der Fragen nach dem *Wo*, dem *Wann* und dem *bis Wann* der Veröffentlichung.

Nutzungen, die besonders weitgehend in das Persönlichkeitsrecht des Abgebildeten eingreifen oder die so ungewöhnlich sind, dass mit ihnen

nicht zu rechnen war, sollten stets ausdrücklich in einer schriftlichen Ein-
willigungserklärung aufgenommen werden.

Dies gilt in jedem Fall für die Verwendung in der *Werbung, Public Rela-
tions (PR)* und *Merchandising, Fotodatenbanken* und *Bildagenturen* oder
in der *Pornografie*.

Wichtig

Insbesondere im werblichen Bereich sollte der geplante Verwendungszweck des Fotos aus Sicht des Fotoverwenders so genau wie
möglich festgelegt werden.

Beispiel

Die Einwilligung eines Schauspielers, ihn mit der Brille eines
Modehauses abzulichten, umfasst allenfalls die Verwendung
des Bildnisses für die Werbung dieses Modehauses, nicht aber
für die Werbung einer Optikerkette (BGH, Urteil vom 14.4.1992
– VI ZR 285/91).

Beispiel

Die Einwilligung eines Sportlers in die Erstellung eines Werbe-
films für ein Unternehmen berechtigt einen Fernsehsender
nicht zur Verwendung von »Screen-Shots« aus dem Werbefilm
im Rahmen eigener Anzeigen.

Beispiel

Die Einwilligung in die Veröffentlichung auf dem Titelbild
einer Zeitschrift umfasst regelmäßig auch die Verwendung
des Titelbildes im Rahmen von Werbeanzeigen für die Zeitschrift.

Die uneingeschränkt erteilte Einwilligung in die Nutzung eines Bildnisses
zu Werbezwecken umfasst auf der anderen Seite dann aber auch solche
Verwendungen, die vom Abgebildeten vielleicht nicht erwünschte Asso-
ziationen zwischen ihm und dem beworbenen Produkt hervorrufen.

Häufig wird eine ausdrückliche Einwilligung jedoch nicht vorliegen, weil
entweder die Situation eine Befragung des Abgebildeten vorab nicht zu-

lässt, z.B. bei der Straßenfotografie, oder die Parteien eine Klärung dieser Fragen schlichtweg nicht für erforderlich hielten. Erst im Nachhinein entsteht dann Streit darüber, ob und wofür eine Einwilligung erteilt wurde. Die Einwilligung kann aber auch *stillschweigend* erteilt werden.

Eine stillschweigend erteilte Einwilligung liegt nur dann vor, wenn das Verhalten des Abgebildeten aus Sicht eines objektiven Erklärungsempfängers als Einwilligung gedeutet werden kann.

Das *bloße Dulden* einer Fotoaufnahme stellt keine stillschweigende Einwilligung dar. Wenn dem Abgebildeten überhaupt *nicht bewusst* ist, dass er fotografiert wurde, kann niemals eine Einwilligung vorliegen.

Hinweis

Selbst das *passive Blicken* in eine Kamera stellt keine konkludente Einwilligung in die Veröffentlichung dar. Das *Posieren bzw. Lächeln* in die Kamera kann hingegen als konkludente Einwilligung gedeutet werden. Zu klären bleibt jedoch die Frage nach dem konkreten Verwendungszweck und dem Umfang der Einwilligung.

Beispiel

Derjenige, der an einer Veranstaltung teilnimmt, bei der erkennbar Fotoreporter zugegen sind, willigt dann in die Veröffentlichung der Aufnahmen ein, wenn er für die Aufnahme posiert oder auch nur fröhlich in die Kamera blickt (BGH, Urteil vom 28.9.2004 – VI ZR 305/03).

Beispiel

Eine Hostess, die beauftragt worden war, auf einer Party mit prominenten Gästen Zigaretten anzubieten, und die dem ihr vorher ausgehändigtem Informationsmaterial entnehmen konnte, dass Fotos zulässig seien, musste aufgrund der Art der Veranstaltung und ihrer Rolle darin damit rechnen, dass Fotos von ihr gemacht und später veröffentlicht werden (BGH, Urteil vom 11.11.2014 – VI ZR 9/14).

Eine wirksame Einwilligung dürfte hingegen bei *Überrumpelungssituationen* des Abgebildeten regelmäßig fehlen, etwa wenn ein Kamerateam unangemeldet vor der Haustür erscheint und den Interviewten mit einer heiklen und unangenehmen Frage konfrontiert.

Auch im Rahmen der konkludent erteilten Einwilligung muss dem Abgebildeten *Zweck, Art und Umfang* der beabsichtigten Veröffentlichung bekannt sein.

Beispiel

Im obigen Beispiel des Fotos auf der Veranstaltung gilt die Einwilligung des Besuchers der Veranstaltung jedoch nur für eine Verwendung seines Bildnisses anlässlich der Berichterstattung über diese Veranstaltung, nicht z.b. auch für einen kritischen Bericht zu einem ganz anderen Thema.

Beispiel

Ein Model, das an einer Modenschau teilnimmt, willigt in eine Verwendung seines Bildnisses für eine Berichterstattung über die Modenschau, nicht jedoch auch in die Verwendung seines Bildnisses für eine Werbekampagne ein (OLG Koblenz, Urteil vom 2.3.1995 – 6 U 1350/93).

8.4.5   Kann die Einwilligung widerrufen werden?

Eine einmal erteilte Einwilligung kann nur unter sehr engen Voraussetzungen widerrufen werden, gleichgültig ob sie ausdrücklich oder stillschweigend, mündlich oder schriftlich erteilt wurde.

Ein *Widerruf* ist grundsätzlich nur dann möglich, wenn ein *wichtiger Grund* vorhanden ist. Hierfür müssen sich z.B. die Umstände so gravierend verändert haben, dass die erneute Veröffentlichung des Fotos als Verletzung des allgemeinen Persönlichkeitsrechts anzusehen wäre.

Andererseits kann der Widerruf auch nicht wirksam vertraglich ausgeschlossen werden.

Eine während des Arbeitsverhältnisses erteilte Einwilligung in die Nutzung des Bildnisses endet nicht automatisch mit Beendigung des *Arbeitsverhältnisses*, wenn das Bildnis reinen Illustrationszwecken diente und nicht besonders herausgestellt dargestellt wurde. In diesem Fall muss der Arbeitnehmer einen nachvollziehbaren Grund darlegen, warum sein Bildnis nach seinem Ausscheiden aus dem Unternehmen nicht mehr verwendet werden soll.

Fazit

Das Recht am eigenen Bild schützt nur gegen die Veröffentlichung, nicht aber gegen die Herstellung eines Personenfotos. Die Anforderungen an die Erkennbarkeit einer Person auf einem Foto sind denkbar gering. Im Zweifel sollte also immer von der Erkennbarkeit ausgegangen werden. Liegt also ein Bildnis vor, bedarf es der Einwilligung des Abgebildeten. Die Einwilligung sollte zu Beweiszwecken schriftlich erfolgen und Zweck, Art und Umfang der Verwendung des Bildnisses so genau wie möglich umschreiben. Bei Arbeitnehmern gilt ein Schriftformgebot der Einwilligung. Ein Widerruf der Einwilligung ist nur in Ausnahmefällen möglich.

8.5   Die Ausnahmen vom Recht am eigenen Bild

Der Schutz des Rechts am eigenen Bild ist nicht schrankenlos. Das Gesetz nennt *vier Ausnahmen* vom Recht am eigenen Bild.

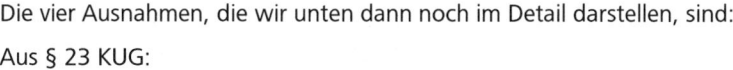

Tipp

Liegen die dortigen Voraussetzungen vor, bedarf es keiner Einwilligung des Abgebildeten.

Die vier Ausnahmen, die wir unten dann noch im Detail darstellen, sind:

Aus § 23 KUG:

- ▸ Abschnitt 8.5.1 – Bildnisse aus dem Bereich der Zeitgeschichte
- ▸ Abschnitt 8.5.3 – Bilder, auf denen die Personen nur als Beiwerk neben einer Landschaft oder sonstigen Örtlichkeit erscheinen
- ▸ Abschnitt 8.5.4 – Bilder von Versammlungen, Aufzügen und ähnlichen Vorgängen, an denen die dargestellten Personen teilgenommen haben
- ▸ Abschnitt 8.5.5 – Bildnisse, die nicht auf Bestellung angefertigt sind, sofern die Verbreitung oder Schaustellung einem höheren Interesse der Kunst dient

Die Ausnahmen dienen dem Schutz der Informations-, Meinungs- und Kunstfreiheit. Sie enthalten sog. auslegungsfähige Tatbestandsmerkmale, die eine einzelfallabhängige Auslegung der sich gegenüberstehenden grundrechtlich geschützten Interessen erfordern:

Auf der einen Seite das *Persönlichkeitsrecht des Abgebildeten*. Und auf der anderen Seite ein *öffentliches oder künstlerisches Interesse* an der Veröffentlichung ohne die Einwilligung.

Allgemeingültige Aussagen, wann eine Veröffentlichung ohne die Einwilligung des Abgebildeten stets zulässig ist, lassen sich nicht treffen. Es kommt wie so häufig auf den *Einzelfall* an.

8.5.1   Bildnisse aus dem Bereich der Zeitgeschichte

Die erste Ausnahme ist zugleich die wichtigste:

Bildnisse aus dem Bereich der Zeitgeschichte dürfen ohne Einwilligung des Abgebildeten veröffentlicht werden, § 23 Abs. 1 Nr. 1 KUG.

Zeitgeschichtliches Ereignis

Voraussetzung ist, dass ein *zeitgeschichtliches Ereignis* vorliegt, an dem die abgebildete Person beteiligt war.

Für die Frage, ob ein Bildnis dem Bereich der Zeitgeschichte zuzuordnen ist, ist das Interesse der Öffentlichkeit an einer vollständigen Information über das Zeitgeschehen maßgeblich.

Wichtig
Entscheidend ist nicht, ob es sich um eine prominente Person, also eine Person des öffentlichen Interesses handelt. Die bisher bekannte Unterscheidung zwischen absoluter und relativer Person der Zeitgeschichte existiert in dieser Form nicht mehr. Es kommt nunmehr zuallererst auf die Frage an, ob ein zeitgeschichtliches Ereignis vorliegt.

Die Zeitgeschichte umfasst sowohl tagesaktuelles als auch historisches Geschehen, und zwar auf überregionaler wie auf lokaler Ebene. Zum Schutz der Pressefreiheit ist der Begriff der Zeitgeschichte *denkbar weit zu verstehen*.

Hinweis
Erfasst werden damit alle Belange von allgemeinem, gesellschaftlichem und öffentlichem Interesse und Relevanz, sei es aus Politik, Gesellschaft, Sport oder Kultur.

Ein geschütztes Informationsinteresse besteht auch unabhängig davon, ob eine Bildveröffentlichung der Information oder der *Unterhaltung* dient. Meinungsbildung und Unterhaltung sind keine Gegensätze. Vielmehr erfüllt die Unterhaltung wichtige gesellschaftliche Funktionen, indem sie Gesprächsgegenstände zur Verfügung stellt und zu Diskussionsprozessen anregt.

Ein öffentliches Informationsinteresse liegt jedoch dann nicht mehr vor, wenn die Veröffentlichung *allein der Befriedigung der Sensationslust oder der Neugier* des Publikums dient.

Als zeitgeschichtliche Ereignisse wurden von der Rechtsprechung angesehen:

▸ das Mieterfest einer Wohnungsbaugenossenschaft

▸ Vernissagen bekannter Künstler

▸ Tanzbälle der Königshäuser

▸ die Beziehung zwischen einem Landespolitiker und einer bekannten Fernsehmoderatorin, die sich in der Öffentlichkeit als Single präsentiert hatte

▸ das Verschwinden einer bekannten Entertainerin aus der Öffentlichkeit nach einer schweren Erkrankung

▸ eine handgreifliche Auseinandersetzung eines prominenten Paares auf öffentlicher Straße

▸ die Hochzeit des Fernsehmoderators Günter Jauch, was die Abbildung auch der Braut rechtfertigte

▸ der Unfalltod des Sohnes einer bekannten Schauspielerin im Swimmingpool eines Rockstars während einer Geburtstagsfeier

▸ ein Klinikleiter im Zusammenhang mit einem Betriebsunfall

Der Bereich der Zeitgeschichte wird durch die *gegenläufigen Interessen des Abgebildeten* begrenzt.

Ob ein Bildnis aus dem Bereich der Zeitgeschichte vorliegt, erfordert daher eine *Abwägung* zwischen den Persönlichkeitsrechten des Abgebildeten und den Rechten von Presse und Rundfunk sowie der freien Meinungsäußerung.

> ## Hinweis
>
> Je gesellschaftlich relevanter das Ereignis und die Person sind, über die berichtet wird, desto stärker können die Eingriffe in die Privatsphäre des Abgebildeten sein, die dieser hinzunehmen hat.

Allgemein verbindliche Aussagen, ob ein zeitgeschichtliches Ereignis vorliegt, verbieten sich. Es gibt jedoch Umstände und Konstellationen, die für oder gegen die Annahme eines zeitgeschichtlichen Ereignisses sprechen.

Besondere Fallgruppen bei der Berichterstattung

Straftaten können zum Zeitgeschehen gehören. Die Verletzung der Rechtsordnung begründet grundsätzlich ein anzuerkennendes Interesse der Öffentlichkeit an näherer Information über Tat und Täter, das umso stärker ist, je mehr sich die Tat von der gewöhnlichen Kriminalität abhebt. Terroristisch motivierte Taten werden hier regelmäßig ein Ereignis der Zeitgeschichte darstellen. Kleinkriminalität und Taten von Jugendlichen werden hingegen eher nur in Ausnahmefällen ein zeitgeschichtliches Ereignis darstellen.

Bei Straftätern ist das Informationsinteresse der Öffentlichkeit jedoch zeitlich begrenzt und tritt mit zunehmendem Abstand von der Tat hinter das *Resozialisierungsinteresse* des Täters zurück. Bei einer tagesaktuellen Berichterstattung über Strafverfahren hat das Informationsinteresse der Öffentlichkeit im allgemeinen Vorrang.

Bei *bevorstehender oder erfolgter Entlassung* eines zu einer Haftstrafe verurteilten Täters wird das Resozialisierungsinteresse regelmäßig Vorrang haben. Lediglich bei Straftätern, die in besonderem Maße Gegenstand des öffentlichen Interesses waren, z.B. bei den RAF-Terroristen, besteht in diesem Fall ein Informationsinteresse auch über die Haftentlassung hinaus.

Beispiel

Zulässig war danach die Veröffentlichung von Archivfotos aus der »aktiven Zeit« einer früheren Terroristin, nämlich eines Fahndungsfotos sowie eines Fotos, das die Betroffene unmittelbar nach ihrer Verhaftung zeigt.

Während der Haftzeit ist wiederum eine umfassende Güter- und Interessenabwägung vorzunehmen. Hier dient die Berichterstattung häufig auch dem zulässigen Interesse nach einer Kontrolle des Strafvollzuges.

Beispiel

Zulässig war die Veröffentlichung von Fotos, die einen wegen Betruges zu einer Haftstrafe verurteilten Schauspieler beim erstmaligen Freigang zeigten.

Beispiel

Zulässig war ebenfalls die identifizierende Berichterstattung über einen zu lebenslanger Haft mit anschließender Sicherungsverwahrung verurteilten Mörder 8 Jahre sowie 16 Jahre nach seiner Verurteilung.

Beispiel

Unzulässig war hingegen die identifizierende Berichterstattung über den 13 Jahre zuvor verurteilten Mörder des Schauspielers Walter Sedelmayr anlässlich seines Antrags auf Aussetzung der Reststrafe zur Bewährung.

Besteht für die Berichterstattung ein auf die Straftat bezogener neuer Anlass, darf erneut unter Abbildung des Straftäters berichtet werden. So z.B. im Falle einer erneuten Straffälligkeit, wenn neue Erkenntnisse im Zusammenhang mit der früheren Tat bekannt werden und wenn der Betroffene selbst dazu beiträgt, dass er und seine Tat in der medialen Öffentlichkeit präsent bleiben.

Auch in Fällen der sog. *Verdachtsberichterstattung*, wenn es keine rechtskräftige Verurteilung gibt, etwa während eines Ermittlungsverfahrens, kann die Abbildung des Verdächtigen zulässig sein. Hier ist allerdings besondere Sorgfalt geboten. Wesentliche Voraussetzungen für die zulässige Verdachtsberichterstattung sind das Vorliegen eines Strafvorwurfs von einigem Gewicht sowie eines Mindestbestandes an Beweisen. Reine Spekulationen reichen selbstverständlich nicht. Liegen diese Voraussetzungen vor, muss das grundsätzliche Anonymitätsinteresse des Betroffenen hinter das Informationsinteresse der Öffentlichkeit zurücktreten.

Für *Polizisten im Einsatz* ist zu unterscheiden. Sind sie an der Festnahme eines Gesuchten beteiligt, an dessen Tat ein Informationsinteresse der Öffentlichkeit besteht, sind auch sie Teil eines zeitgeschichtlichen Ereignisses. Ihr Bildnis darf dann veröffentlicht werden. Werden sie hingegen lediglich bei ihrer alltäglichen Polizeiarbeit gezeigt, liegt kein zeitgeschichtliches Ereignis vor. Die Abbildung von Polizisten bei Demonstrationen und Versammlungen kann zulässig sein, § 23 Abs. 1 Nr. 3 KUG (siehe hierzu Abschnitt 8.5.4).

Haftungsfalle: Online-Archive

Der Umgang mit in *Online-Archiven* gespeicherten Berichten unter Abbildung von Personen ist schwierig.

Tipp

Grundsätzlich dürfen im Archiv gespeicherte Beiträge weiterhin angeboten werden, selbst wenn sie heute nicht mehr ohne die Einwilligung des Abgebildeten veröffentlicht werden dürften.

Voraussetzung hierfür ist aber, dass die Beiträge

- ▸ als Altbeiträge gekennzeichnet sind,
- ▸ nur durch eine gezielte Suche auffindbar sind und
- ▸ die Erstveröffentlichung rechtmäßig war.

Wie dies nun aber technisch im Einzelnen umzusetzen ist, also dass der Artikel nicht den Anschein erweckt, ein aktuelles Ereignis abzubilden, ist in Zeiten der Recherche über Suchmaschinen schwer zu beantworten.

Beispiel

Das OLG Hamburg hat eine Tageszeitung mit Online-Archiv dazu verpflichtet, es zu verhindern, dass die den Namen eines Betroffenen enthaltenen und in dem Archiv gespeicherten Alt-Beiträge als Ergebnis einer Suche über eine Suchmaschine bei Eingabe des Namens überhaupt angezeigt werden (OLG Hamburg, Urteil vom 7.7.2015 – 7 U 29/12).

Inwiefern dies den Betreibern von Archiven technisch überhaupt möglich ist, ist heftig umstritten. Den Suchmaschinenbetreibern wurde diese Verpflichtung über das Datenschutzrecht nach dem sog. *Recht auf Vergessenwerden* auferlegt.

Danach gilt, dass die rechtmäßige Verarbeitung sachlich richtiger Daten durch Zeitablauf unrechtmäßig werden kann, wenn der Zweck wegfällt oder in Anbetracht der verstrichenen Zeit die Erheblichkeit der Daten für den Ursprungszweck sinkt.

Bei Fotos besteht jedoch ein weiteres Problem:

Der Grundsatz, wonach eine einmal zulässige Bildberichterstattung allein durch den Zeitablauf, mit den obigen Einschränkungen, unzulässig wird, umfasst nicht auch die Urheberrechte an dem Foto.

Vorsicht

Eine z.B. im Rahmen einer Berichterstattung über Tagesereignisse (§ 50 UrhG) zulässige Verwendung eines Fotos wird unzulässig, wenn dem Bericht aufgrund des Zeitablaufs die Aktualität fehlt. Die Folge: Das Foto muss später entfernt werden.

Tipp

Solange hier keine rechtliche Klarheit herrscht, wie Betreiber von Archiven die Auffindbarkeit von ursprünglich rechtmäßigen Alt-Beiträgen kontrollieren können und müssen, sollte z.B. über eine sog. Robots.txt der Zugriff von Suchmaschinen auf die Alt-Beiträge unterbunden werden.

Mit der Robots.txt hat der Betreiber einer Webseite die Möglichkeit, festzulegen, welche Unterseiten und Verzeichnisse seiner Webseite von den Suchmaschinen nicht indiziert werden sollen.

Was sind kontextneutrale Fotos?

Häufig kommt es vor, dass dem veröffentlichenden Medium, also z.B. einer Online-Zeitung, aktuelles Bildmaterial von einem zeitgeschichtlichen Ereignis fehlt. Die Frage ist dann, ob zur Bebilderung der Berichterstattung über das Ereignis auf Archivmaterial der Person zurückgegriffen werden kann?

Die klare Antwort ist ja, wenn es *kontextneutral* ist und die Verwendung keine zusätzliche Beeinträchtigung des Persönlichkeitsrechts bewirkt.

Ein Foto ist kontextneutral, wenn der ursprüngliche Kontext, aus dem die Abbildung stammt, nicht zu erkennen oder so neutral ist, dass er den Aussagegehalt des Fotos im neuen Kontext nicht beeinflusst oder jedenfalls nicht verfälscht oder wenn der Aussagegehalt der Abbildung dem neuen Sachzusammenhang gerecht wird. Bei Porträtfotos wird dies stets der Fall sein.

Beispiel

Zulässig war hiernach, eine Berichterstattung über das Auftreten der Tochter von Caroline von Hannover bei einem Gala-Diner im Centre Pompidou mit einem Foto zu bebildern, das sie beim Rosenball in Monaco zeigte.

8.5.2   Sonderfall: Fotos von Personen des öffentlichen Interesses

Es liegt auf der Hand, dass für Personen des öffentlichen Interesses, also »Promis«, ein anderer Maßstab bei der Bewertung der Zulässigkeit von Fotoaufnahmen anzulegen ist als beim »Otto-Normal-Verbraucher«.

Hinweis

Über *Personen des öffentlichen Interesses* darf grundsätzlich in größerem Umfang berichtet werden als über unbekannte Privatpersonen.

Personen des öffentlichen Interesses sind zum Beispiel:

- Politiker
- Angehörige regierender Königs- und Fürstenhäuser
- Repräsentanten der Wirtschaft
- Bekannte Schauspieler
- Bekannte Fernsehmoderatoren
- Musiker
- Sportler
- Wissenschaftler

Als Person des öffentlichen Lebens kann allgemein angesehen werden, wer kraft politischer oder gesellschaftlicher Position oder kraft außergewöhnlicher persönlicher Leistung – positiv oder negativ – aus der Masse seiner Mitmenschen herausragt.

Die Abbildungsfreiheit beschränkt sich dabei nicht nur auf solche Fotos, die Personen der Zeitgeschichte bei Ausübung ihrer gesellschaftlichen Funktion zeigen oder Skandale oder sonstige zu beanstandende Verhaltensweisen aufdecken. Auch die Normalität des Alltagslebens oder in keiner Weise anstößige Verhaltensweisen Prominenter dürfen der Öffentlichkeit weiterhin vor Augen geführt werden, *wenn es der Meinungsbildung zu Fragen von allgemeinem Interesse dient*. Denn die Öffentlichkeit hat ein berechtigtes Interesse, zu erfahren, ob Personen, die oft als Idol oder Vorbild gelten, funktionales und persönliches Verhalten in Übereinstimmung bringen.

Vorsicht

Aber auch eine Person der Zeitgeschichte mit hohem Bekanntheitsgrad darf nicht so ohne Weiteres in allen Lebenssituationen abgelichtet werden.

Alltagssituationen und *Urlaubsfotos*, also Bereiche, in denen der Prominente gerade nicht das Licht der Öffentlichkeit sucht und auch nicht damit rechnen musste, öffentlich wahrgenommen zu werden, haben in der Regel einen geringen Informationswert, und sind deshalb kein Ereignis der Zeitgeschichte.

Kein Ereignis der Zeitgeschichte stellt es demnach dar, wenn eine absolute Person der Zeitgeschichte bei rein privaten Vorgängen, speziell in ihrem Rückzugsbereich, gezeigt wird, wie z.B. im Urlaub oder beim Einkaufen im Supermarkt.

Beispiel

Kein zeitgeschichtliches Ereignis liegt vor, wenn ein bekannter Musiker mit seiner neuen Lebensgefährtin an seinem Urlaubsort in einem Straßencafé sitzt (BGH, Urteil vom 13.11.2007 – VI ZR 12/06).

Aber selbst bei einer solchen rein privaten alltäglichen Situation kann die öffentliche Person zulässigerweise gezeigt werden, wenn diese Alltagssituation in einem sachlichen Bezug zu einem zeitgeschichtlichen Ereignis steht.

Beispiel

Als der Vater von Prinzessin Caroline von Monaco, Fürst Rainier schwer erkrankte, entdeckten Fotografen die Prinzessin beim Skifahren in St. Moritz. Die Zeitungen titelten: »Sollte Caroline Ski fahren, während ihr Vater zu Hause leidet?« und zeigten ein Foto von ihr beim Skifahren. Zu Recht, so der EGMR, denn die Erkrankung des Fürsten sei ein zeitgeschichtliches Ereignis (EGMR, Urteil vom 7.2.2012 – 40660/08).

Beispiel

Befindet sich ein Politiker in seinem Urlaub, obwohl die politischen Entwicklungen eigentlich seine Anwesenheit in Berlin erfordern, besteht ein berechtigtes öffentliches Interesse, zu erfahren, wo sich der besagte Politiker gerade aufhält und womit er beschäftigt ist.

Beispiel

So war auch eine Bildberichterstattung zulässig über einen Einkaufsbummel der früheren schleswig-holsteinischen Ministerpräsidentin Heide Simonis nur wenige Tage nach ihrer überraschenden Abwahl (BGH, Urteil vom 24.6.2008 – VI ZR 156/06).

Vorsicht ist geboten bei der Abbildung von *Begleitpersonen*, seien es Familienangehörige, Lebensgefährten oder sonstige Begleiter der eigentlich ins Visier genommenen bekannten Person. Hier haben die Gerichte mehrfach erklärt, dass entweder die Einwilligung der Begleitpersonen für die Veröffentlichung zu erfragen oder diese unkenntlich zu machen ist, wenn sie selbst von keinem besonderen Interesse für die Öffentlichkeit ist.

Hinweis
Die Begleitung eines Prominenten ist als solches kein zeitgeschichtliches Ereignis.

Beispiel

Unzulässig war die Veröffentlichung von Fotos des Fußballers Oliver Kahn mit seiner Freundin auf der Promenade von St. Tropez (BGH, Urteil vom 3.7.2007 – VI ZR 164/06).

Beispiel

Eine unzulässige Veröffentlichung stellte ein Foto dar, dass eine Urlauberin im Bikini zeigte, die nur zufällig – im Bildhintergrund – in die Szenerie um den Fußballer Dennis Aogo geraten war, der am Strand von Mallorca dem Vernehmen nach Opfer eines Raubüberfalls geworden war (BGH, Urteil vom 21.4.2015 – VI ZR 245/14).

Minderjährige Kinder dürfen grundsätzlich nicht ohne Einwilligung ihrer Eltern abgebildet werden.

Ihnen soll ein möglichst ungestörtes Aufwachsen ermöglicht werden. Ausnahmen von diesem Grundsatz bestehen nur, wenn sie sich allein oder gemeinsam mit den Eltern bewusst der Öffentlichkeit zuwenden, etwa an öffentlichen Veranstaltungen teilnehmen oder, im Tätigkeitsbereich ihrer Eltern, öffentliche Funktionen wahrnehmen.

Beispiel

Zulässig war danach die Veröffentlichung eines Fotos, das die Tochter von Prinzessin Caroline von Hannover bei der Teilnahme an einem Eiskunstlauf-Wettbewerb zeigte.

Beispiel

Ebenfalls gestattet war die Veröffentlichung eines Fotos, das die Tochter des Fußballers Oliver Kahn zusammen mit ihrem Vater bei der öffentlichen Meisterfeier des FC Bayern München zeigte.

Beispiel

Als unzulässig wurden hingegen Fotos der Teilnahme der minderjährigen Tochter des Fernsehmoderators Günter Jauch an der Echo-Gala zusammen mit ihrer Familie im normalen Zuschauerraum angesehen.

Fotos von Prominenten für Werbezwecke. Geht das?

Grundsätzlich braucht es auch eine Person des öffentlichen Interesses nicht hinzunehmen, dass ihr Bildnis für *kommerzielle Interessen*, insbesondere Werbezwecke, verwendet wird, sei es in Anzeigen, auf Plakaten, in TV-Spots, in Computerspielen oder für Werbung im Internet.

Ein mit der Abbildung des Prominenten verfolgter *Werbezweck* steht der zulässigen Verwendung des Bildnisses nur dann nicht entgegen, wenn die Werbeanzeige neben dem Werbezweck auch einen Informationsgehalt für die Allgemeinheit aufweist, also auch ein *öffentliches Informationsinteresse* gestillt wird.

Hinweis

Ein kommerzieller Zusammenhang schließt es nicht aus, dass die Veröffentlichung auch der Information der Allgemeinheit dient.

Häufiges und probates Stilmittel ist hierbei die *Satire*.

Das schutzwürdige Informationsinteresse fehlt jedoch bei Werbeanzeigen dann, wenn sie ausschließlich den Geschäftsinteressen des mit der Abbildung werbenden Unternehmens dienen. Dies ist insbesondere dann der Fall, wenn das Bildnis aus dem Bereich der Zeitgeschichte nur verwendet wird, um den *Werbewert der prominenten Persönlichkeit auszunutzen* und auf das beworbene Produkt überzuleiten.

Wichtig

Durch die Verwendung eines Bildnisses der Zeitgeschichte im Rahmen einer Werbeanzeige darf nicht der Image- oder Werbewert des Abgebildeten ausgenutzt und der Eindruck erweckt werden, der Abgebildete identifiziere sich mit dem beworbenen Produkt, empfehle es oder preise es an.

Als zulässig angesehen wurden z.B. diverse Werbekampagnen des Auto-vermieters SIXT (siehe Abbildung 8.1 und Abbildung 8.2).

Abb. 8.1: SIXT-Werbung anlässlich des Streiks der GDL

Abb. 8.2: SIXT-Werbung anlässlich des Rücktritts von Oskar Lafontaine
als Bundesfinanzminister

Als unzulässige Vereinnahmung des Bildnisses einer öffentlichen Person wurden dagegen die Anzeigen in Abbildung 8.3 und Abbildung 8.4 an-gesehen.

Abb. 8.3: Der Axel Springer Verlag unterlag mit dieser Werbeanzeige gegen Joschka Fischer.

Abb. 8.4: Gunther Sachs ging erfolgreich gegen die Verwendung seines Bildnisses in der Bild am Sonntag vor.

8.5.3 Personen als bloßes Beiwerk

Eine Veröffentlichung von Fotos ohne Einwilligung des Abgebildeten ist zulässig, sofern dieser nur als Beiwerk neben einer Landschaft oder sonstigen Örtlichkeit erscheint, § 23 Abs. 1 Nr. 2 KUG.

Voraussetzung ist, dass es sich bei dem Foto um die *Aufnahme einer Landschaft oder Örtlichkeit* handelt, also um ein Bild in Abgrenzung zu einem Bildnis, das gezielt eine Person abbildet.

Zwar darf eine Person auf dem Foto erkennbar abgebildet werden. Ihre Darstellung muss jedoch in der Aufmerksamkeit des Betrachters in den Hintergrund rücken. Sie darf also lediglich als *Beiwerk* erscheinen.

Die Testfrage lautet:
Ordnet sich die abgebildete Person dem Gesamtmotiv so unter, dass sie entfallen könnte, ohne den Gegenstand und den Charakter des Bildes zu verändern?

Die Abbildung der Person muss quasi ein »Zufallsprodukt« sein. Die Größe der Abbildung und ihre Position auf dem Bild sind hierbei wichtige, aber nicht alles entscheidende Faktoren. Auch eine lediglich am Bildrand klein abgebildete Person kann die Aufmerksamkeit des Betrachters auf sich ziehen und das Thema des Bildes entscheidend prägen.

Abb. 8.5: Die hier abgebildeten Personen haben keinen prägenden Einfluss auf das Foto und sind damit bloß Beiwerk.

Für die klassische Straßenfotografie, also diejenige, die den einzelnen Passanten in der Straßensituation erfassen und den Moment festhalten will, ist die Ausnahme der Person als Beiwerk nur in den allerseltensten Fällen geeignet. Denn hier steht die Person ja gerade im Bildmittelpunkt und soll das Foto prägen.

8.5.4   Fotos von öffentlichen Veranstaltungen

Eine Veröffentlichung von Fotos ist ohne Einwilligung möglich, wenn die Abgebildeten im Rahmen einer Teilnahme an Veranstaltungen, Versammlungen und Aufzügen abgelichtet werden, § 23 Abs. 1 Nr. 3 KUG.

Dieser Ausnahme liegen rein praktische Erwägung zugrunde: Es ist schlichtweg unmöglich, Fotoaufnahmen von Veranstaltungen anzufertigen, an denen viele Menschen teilnehmen, und für die Veröffentlichung die Einwilligung eines jeden Abgebildeten einzuholen.

Damit die Ausnahme jedoch nicht uferlos ist, muss sie *eng ausgelegt* werden.

Wichtig
Das Bild muss die repräsentative Abbildung der Veranstaltung als zentrales Motiv haben, nicht die Heraushebung einzelner Teilnehmer.

Anders als die Ausnahme zum unwesentlichen Beiwerk darf die abgebildete Person einen prägenden Einfluss auf das Bild haben, wenn sie wiederum eine repräsentative Darstellung der Veranstaltung beinhaltet.

Eine isolierte Abbildung dieser symbolträchtigen Personen, etwa in Form von Porträtaufnahmen, ist jedoch nicht gestattet.

Die Begriffe *Versammlung, Aufzüge und ähnliche Vorgänge* sind hingegen denkbar weit zu verstehen.

Erfasst sind alle Ansammlungen von Menschen, die den *kollektiven Willen* haben, etwas gemeinsam zu tun, beispielsweise:

▸ Demonstrationen

▸ Karnevalsumzüge

▸ Sportveranstaltungen

▸ Größere Tagungen

Abb. 8.6: Das Foto zeigt den Dortmunder Fußballfan-Block. Eine wohl noch repräsentative Abbildung der Veranstaltung »Dortmunder Fußballspiel«.

Abb. 8.7: Auch dieses Foto ist von der Ausnahme gedeckt. Es handelt sich um eine repräsentative Abbildung einer Demonstration, hier eines Blockupy-Protestes in Frankfurt 2012.

Eine *zufällige* Ansammlung von Menschen hingegen, also z.B. die auf den Bus wartenden Personen an der Haltestelle, verbindet jedoch kein gemeinsamer Wille. Die Ausnahme greift hier nicht.

Voraussetzung ist weiter, dass die Veranstaltung oder Versammlung in der *Öffentlichkeit* stattfindet. Beerdigungen, Hochzeiten oder private Veranstaltungen unterfallen, sofern sie im engeren Familien- und Freundeskreis oder an nicht öffentlich zugänglichen Orten stattfinden, im Zweifel nicht der Abbildungsfreiheit. Selbst wenn eine eher dem privaten Bereich zuzuordnende Feier noch als Versammlung angesehen werden kann, so wird die Herausstellung eines trauernden Gastes bei einer Beerdigung oder der freudestrahlenden Braut, jedoch ohne den Bräutigam, den Rahmen des Zulässigen sprengen.

8.5.5   Bildnisse, die einem Kunstinteresse dienen

Bildnisse dürfen ohne Einwilligung veröffentlicht werden, sofern die Verbreitung und Zurschaustellung einem höheren Interesse der *Kunst* dient und sie nicht auf Bestellung angefertigt wurden, § 23 Abs. 1 Nr. 4 KUG.

Die praktische Relevanz dieser Ausnahme ist (noch) gering.

Was genau *Kunst* ist, entzieht sich einer eindeutigen Definition. Abzustellen ist vielmehr zunächst darauf, was der Künstler selbst zum Kunstwerk erhebt. Jedoch verlangt die Rechtsprechung gewisse »Grundanforderungen«.

Erforderlich ist eine freie schöpferische Gestaltung, in der Eindrücke, Erfahrungen oder Erlebnisse des Künstlers in einer bestimmten Form ausgedrückt werden.

Beispiel

Kein künstlerisches Interesse lag bei einem Pop-Art-Bildnis vor, das den Golfprofi Martin Kaymer zeigte, weil diese Form der Verfremdung nicht über das bloße handwerkliche Können hinausgehe (OLG Düsseldorf, Urteil vom 23.7.2013 – I-20 U 190/12).

Erfasst wird also die *künstlerische Fotografie*. Darüber hinaus aber auch Bildnisse für wissenschaftliche Zwecke, etwa in einem medizinischen oder juristischen Fachbuch.

Rein wirtschaftliche Zwecke, etwa für die Werbung, zum Produktverkauf oder zur Illustration einer Zeitschrift, sind nicht privilegiert. Lediglich untergeordnete Einnahmen geringer Höhe, die sich unmittelbar aus dem künstlerischen Zweck ergeben, z.B. Eintrittsgelder von Ausstellungen, sind unschädlich.

Die Ausnahme vom Einwilligungserfordernis greift auch dann nicht, wenn der Abgebildete das Bildnis *beim Künstler bestellt* hatte. Der Grund liegt in dem besonderen Vertrauensverhältnis, das durch eine derartige Beauftragung entsteht. Die Veröffentlichung darf dann nicht mehr ohne die Einwilligung des Abgebildeten erfolgen.

An praktischer Bedeutung könnte die Ausnahme aber im Bereich der *Straßenfotografie* zunehmen – also der künstlerischen Fotografie, die im öffentlichen Raum entsteht, etwa auf der Straße, und einzelne Passanten oder Gruppen herausgreift, um eine bestimmte Stimmung, einen bestimmten Moment abzubilden.

Beispiel

So wurde eine Fotografie des Fotografen Espen Eichhöfer als einem künstlerischen Interesse dienend angesehen, die eine Frau in einer Alltagssituation beim Überqueren einer Straße in Berlin zeigte und im Hintergrund unter anderem ein Leihhaus zu sehen war. Das Foto war als Werbung für eine Ausstellung des Ausstellungshauses C/O Berlin zu sehen gewesen (LG Berlin, Urteil vom 3.6.2014 – 27 O 56/14; bestätigt vom KG – nicht rechtskräftig).

8.6 Unzulässige Personenfotos

Selbst wenn eine der Ausnahmen zum Einwilligungserfordernis vorliegt, muss der Abgebildete die Veröffentlichung nicht hinnehmen, wenn sie seine *berechtigten Interessen* verletzt.

Es muss also eine (weitere) Abwägung der sich gegenüberstehenden Interessen vorgenommen werden. Sie dient dem Schutz des Abgebildeten in seiner konkreten Situation unter Betrachtung der gesamten Umstände der Veröffentlichung seines Bildnisses.

Es lassen sich Fallgruppen bilden, in denen die Rechtsprechung eine Verletzung des berechtigten Interesses des Abgebildeten angenommen hat.

Vorsicht
Lässt sich das zur Veröffentlichung geplante Foto einer dieser Fallgruppen zuordnen, ist höchste Vorsicht geboten.

8.6.1   Die Privatsphäre

Die *Privatsphäre* des Einzelnen ist geschützt. Sie wird *thematisch und räumlich* bestimmt. Keines der beiden Merkmale steht alleine.

Thematisch unterfallen z.B. solche Vorgänge der geschützten Privatsphäre, die gemeinhin als privat eingestuft werden, etwa weil ihr Bekanntwerden in der Öffentlichkeit als unangenehm oder sogar peinlich empfunden würde, so etwa die vertrauliche Kommunikation unter Eheleuten oder sozial abweichendes Verhalten.

Die geschützte Privatsphäre gewährt dem Einzelnen aber auch einen räumlichen Rückzugsbereich, in dem er zu sich kommen, sich entspannen oder auch gehen lassen kann. Auch der Person des öffentlichen Interesses steht ein solcher Bereich zu. Dieser umfasst in jedem Fall den häuslichen Bereich (Wohnung, Haus, Garten), ist jedoch nicht darauf beschränkt. Er liegt auch vor, wenn sich jemand in eine örtliche Abgeschiedenheit zurückgezogen hat, in der er berechtigterweise und auch für Dritte erkennbar davon ausgehen kann, den Blicken der Öffentlichkeit nicht ausgesetzt zu sein. Voraussetzung ist, dass die sich zurückziehende Person davon ausgehen kann und darf, in dieser Umgebung bzw. Örtlichkeit sich ungestört und den Blicken Dritter entzogen bewegen zu können.

Beispiele einer geschützten Privatsphäre

- beim Baden an einem nur von der Wasserseite aus zugänglichen Strand
- beim Gebet in der Kirche
- auf einem Boot mit deutlichem Abstand zum Ufer
- bei der gegenüber der breiten Öffentlichkeit abgeschirmten Hochzeitsfeier eines bekannten Fernsehmoderators
- der Hofgang eines in Untersuchungshaft befindlichen Fernsehmoderators
- *Beerdigungen* werden regelmäßig dem geschützten Privatbereich zugeordnet, denn jeder soll das Recht auf ungestörte Trauer haben.

Nicht zum geschützten Bereich wurde gezählt

▸ der Balkon eines Mehrfamilienhauses, der sich über einem öffentlichen Gehweg befindet

▸ die Ankunftshalle eines Flughafens während einer Dienstreise

Bei der Bestimmung des Schutzes und der Reichweite der Privatsphäre ist auch zu berücksichtigen, ob und wie sich die abgebildete Person in der Vergangenheit vielleicht selbst gegenüber der Öffentlichkeit mit privaten Belangen geöffnet hat. Hier spricht man von einer *Selbstöffnung* der Privatsphäre (z.B. die stets beliebte Homestory oder Auskünfte über das eigene Liebes- und Beziehungsleben).

Je stärker diese Selbstöffnung erfolgt ist, desto weitreichender werden auch die hinzunehmenden Eingriffe in das allgemeine Persönlichkeitsrecht in der Folge sein. Aufgrund der Selbstöffnung muss der Betroffene jedenfalls solche Berichte hinnehmen, die thematisch denselben Ausschnitt der Privatsphäre betreffen, den er in der Vergangenheit selbst geöffnet hat.

Beispiele der Selbstöffnung

▸ Aktaufnahmen einer Sportlerin, die exklusiv im Playboy erschienen waren, durften in anderen Medien zu Belegzwecken nachgedruckt werden.

▸ Zulässig war die Veröffentlichung eines Fotos, das den Fernsehmoderator Thomas Gottschalk beim Einkaufsbummel zeigte, nachdem er in der Vergangenheit Homestorys zugelassen und sich in privaten Situationen hatte abbilden lassen.

8.6.2   Schutz der Intimsphäre

Zum ebenfalls geschützten Bereich gehört die *Intimsphäre*. Diese umfasst thematisch die Bereiche Sexualität, Krankheit und Tod, aber auch Tagebücher und vertrauliche Kommunikation.

Nacktaufnahmen bedürfen stets der Einwilligung des Abgebildeten, da sie einen erheblichen Eingriff in die Intimsphäre darstellen.

Beispiel

Dies gilt z.B. auch für eine unfreiwillige kurzzeitige Entblößung des Busens auf einem großen Ball –»Busenunfall«. Eine eigentlich als Ereignis der Zeitgeschichte zulässige Veröffentlichung muss aufgrund des berechtigten Interesses der Betroffenen dann unterbleiben (LG Hamburg, Urteil vom13.1.2006 – 324 O 646/05).

Beispiel

Auch Fotomontagen, bei denen der Kopf eines Prominenten auf den unbekleideten Körper einer anderen Person platziert wird, verletzen die Intimsphäre des Abgebildeten. Dies gilt wohl auch, wenn dies zum Zweck der Satire erfolgt (LG Berlin, Urteil vom 28.8.2001 – 27 O 375/01).

Der Betroffene verliert den Schutz der Intimsphäre auch nicht dadurch, dass er sich vorher selbst unbekleidet öffentlich gezeigt hat oder wenn er in anderem Zusammenhang mit der Veröffentlichung von Nacktaufnahmen einverstanden war.

Beispiele

- ▸ Besuch eines FKK-Geländes
- ▸ am Strand eines Urlaubsortes
- ▸ in einem Sexvideo, wenn es nicht veröffentlicht werden sollte

Jeder kann selbst entscheiden, ob und wie Aufnahmen, die den eigenen nackten Körper zeigen, das Licht der Öffentlichkeit erblicken sollen.

Krankheiten sind grundsätzlich höchstpersönliche Angelegenheiten, die nicht von Interesse für die Öffentlichkeit sind, solange nicht Personen des öffentlichen Interesses, wie z.B. bekannte Politiker, Wirtschaftsführer oder Staatsoberhäupter betroffen sind. Wer trotz seiner Krankheit das Licht der Öffentlichkeit sucht, kann sich dann natürlich nicht gegen eine Berichterstattung hierüber wehren.

Bestandteil der Intimsphäre ist ferner auch die Abbildung eines Menschen in der konkreten Situation seines *Todes*. Die Abbildung ist nur dann zulässig, wenn ein überwiegendes Informationsinteresse der Öffentlichkeit gerade auch an dem Tod und seinen Begleitumständen besteht.

Beispiele

▸ So im Falle des früheren schleswig-holsteinischen Ministerpräsidenten Uwe Barschel im Hinblick auf die erstmalige Veröffentlichung des Fotos, das ihn tot in einer Badewanne liegend zeigt.

▸ Zulässig war auch die Abbildung der Leiche eines Bombenattentäters, der bei seiner Tat auf dem Münchener Oktoberfest ums Leben gekommen war.

8.6.3 Herabsetzung und Verächtlichmachung des Abgebildeten

Nicht selten geht die Veröffentlichung des Bildnisses einer Person auch mit einer Herabsetzung oder besonders negativen Darstellung des Abgebildeten einher. Dies insbesondere in der Fotoberichterstattung. Die Herabsetzung muss sich hierbei nicht direkt aus dem Foto ergeben. Sie kann auch in dem das Foto *begleitenden Text* liegen.

Beispiel

So würden die Fotos eines Fotojournalisten, die ihn als Promifotograf bei der Arbeit zeigten, zwar grundsätzlich ein zeitgeschichtliches Ereignis betreffen und zu einer öffentlichen Debatte über die Arbeitsweise der »Paparazzi« beitragen. Da die Veröffentlichung jedoch mit den Kommentaren »lichtscheues Gesindel« und »Pack« einherging, wurden sie als unzulässig angesehen, da diese hauptsächlich dazu dienen sollten, den Abgebildeten lächerlich zu machen (LG Köln, Urteil vom 11.01.2012 – 28 O 627/11).

Fazit

Einer Einwilligung für die Veröffentlichung eines Personenfotos bedarf es nur dann nicht, wenn eine der vier gesetzlichen Ausnahmen greift – Zeitgeschichte, bloßes Beiwerk, Veranstaltung oder Kunst. Hier hat eine Abwägung im Einzelfall zu erfolgen, also zwischen dem Persönlichkeitsrecht des Abgebildeten und den hinter dem Veröffentlichungszweck stehenden Interessen. Sind berechtigte Interessen des Abgebildeten betroffen, insbesondere wenn das Foto der Intimsphäre des Abgebildeten entstammt, ist die Veröffentlichung des Personenfotos in der Regel unzulässig.

Teil 3

Rechtsfolgen von Verstößen

Im letzten Teil dieses Buches wird aufgezeigt, welche Folgen es haben kann, wenn ein Foto ohne die erforderlichen Nutzungsrechte oder Einwilligung des Abgebildeten im Internet verwendet wird. Auch wird erläutert, welche Ansprüche Sie haben, wenn ein bestelltes Foto nicht die vereinbarte Beschaffenheit aufweist. Den Gang zu einem spezialisierten Rechtsanwalt erspart dieses Buch jedoch nicht.

Kapitel 9

Konsequenzen der Rechtsverletzung

Wo Rechte bestehen, können Rechte verletzt werden. Hier soll nur ein kurzer Überblick über die Folgen eines Verstoßes bei der Fotoverwendung gegeben werden. Sieht man sich entsprechenden Forderungen ausgesetzt, ist der Gang zu einem auf diese Materie *spezialisierten Rechtsanwalt* nicht zu vermeiden.

Verletzt werden können in erster Linie das *Urheberrecht* an dem Foto sowie das *Recht am eigenen Bild* einer auf dem Foto abgebildeten Person oder Rechte an auf dem Foto abgebildeten Sachen. Der Einfachheit halber wird in der Folge nur vom Rechteinhaber und vom Verletzer gesprochen.

9.1   Wer ist überhaupt Rechteinhaber?

Rechteinhaber ist in diesem Zusammenhang, wer Inhaber der Rechte und der Ansprüche ist, deren er sich berühmt. Dies zu bestimmen ist nicht immer so einfach, insbesondere wenn *Rechteketten* bestehen, sich also nicht nur Fotograf und Fotoverwender gegenüberstehen.

Grundsätzlich ist der Fotograf als Urheber/Lichtbildner Inhaber sämtlicher Rechte an seinen Fotos. Die *Rechtekette beginnt damit stets beim Fotografen* als Schöpfer des Fotos. Er kann aber Dritten *Nutzungsrechte* daran eingeräumt haben, sogar in einem Umfang, die ihn selbst an der Verwendung seiner Fotos oder der Rechtsdurchsetzung hindern (siehe hierzu Abschnitt 4.2.1).

Woher weiß dann aber der Verwender, dass derjenige, der als Rechteinhaber auftritt, auch tatsächlich Inhaber der Rechte an den Fotos ist, deren er sich berühmt?

Tritt der Fotograf als Rechteinhaber auf, so ist der Nachweis der Urheberschaft und damit Rechteinhaberschaft zumindest theoretisch noch recht einfach zu führen.

Arbeitet der Fotograf noch analog, so kann er den Nachweis seiner Rechteinhaberschaft z.B. durch Vorlage der entsprechenden Negative belegen.

In der digitalen Welt ist der Beweis nicht mehr ganz so einfach zu führen. Hier kommt dem Fotografen jedoch eine gesetzliche *Vermutung der Urheberschaft* zugute, § 10 Abs. 1 UrhG. Bis zum Beweis des Gegenteils wird nämlich vermutet, dass derjenige als Urheber anzusehen ist, der auf dem Original oder den »Vervielfältigungsstücken« *in der üblichen Weise als Urheber bezeichnet ist.* Diese Vermutung gilt auch für Fotos, die ins Internet eingestellt wurden. Auch insoweit liegt ein Vervielfältigungsstück des Fotos vor.

Beispiel

Ein Vervielfältigungsstück liegt auch dann vor, wenn ein Werk in das Internet gestellt worden ist. Wird die elektronische Datei eines Lichtbildes auf die Festplatte eines Servers hochgeladen, um sie auf diese Weise in das Internet einzustellen, wird damit ein Vervielfältigungsstück des Lichtbildes hergestellt (BGH, Urteil vom 18.9.2014 – I ZR 76/13).

Für Urheberhinweise im, am oder beim Foto, also in der üblichen Weise, greift diese Vermutung ohne Probleme.

Beispiel

Die gesetzliche Vermutung der Urheberschaft kann sich unter Umständen auch aus einem »Copyrighthinweis« im Impressum einer Internetseite ergeben, auf denen die Fotos abgebildet sind (LG Frankfurt, Urteil vom 20.2.2008 – 2-06 O 247/07).

Neben der Vermutung kann der Beweis der Urheberschaft aber auch auf andere Weise erfolgen.

Beispiele

Beleg für die Urheberschaft eines Fotografen an einem Foto kann z.B. auch sein:

- wenn er einer Person, die diese Fotos später auf ihrer Homepage nutzt, die entsprechenden Fotodateien zuvor auf Speichermedien übergeben hat;
- er eine ganze Serie von zusammenhängenden Fotos vorlegen kann oder
- die RAW-Datei des Fotos (unbearbeitete Datei des Fotos als eine Art »digitales Negativ«).

Kein Beleg sind dagegen Metadaten in einer Fotodatei, da diese sich zu leicht manipulieren lassen.

(LG München, Urteil vom 21.5.2008 – 21 O 10753/07).

Behauptet ein Dritter, Inhaber der ausschließlichen Nutzungsrechte an einem Foto zu sein, so muss er spätestens in einem Gerichtsverfahren diese Rechtekette lückenlos nachweisen.

Hinweis
Im Rahmen einer vorgerichtlichen Abmahnung muss er seine Rechteinhaberschaft jedoch noch nicht durch Beweise belegen. Hier reicht es aus, dass er den Abgemahnten auf seine Rechte und deren Verletzung hinreichend genau hinweist.

9.2   Welche Ansprüche drohen Ihnen im Fall einer Verletzung?

9.2.1   Der Unterlassungsanspruch

Der *Unterlassungsanspruch* ist die wohl schärfste und schnellste Waffe des Rechteinhabers.

Der Unterlassungsanspruch gibt dem Rechteinhaber das Recht, von dem Verletzer zu verlangen, dass er zum einen eine etwaig noch fortdauernde Rechtsverletzung unverzüglich abstellt, also z.B. ein ohne Nutzungsrechte verwendetes Foto von seiner Internetseite löscht, und zum anderen auch diese Rechtsverletzung zukünftig nicht wiederholt, also z.B. das Foto auch nicht auf einer anderen Internetseite wieder bereithält. Für das Urheberrecht folgt aus *§ 97 UrhG* für das Recht am eigenen Bild der Unterlassungsanspruch aus *§§ 823 Abs. 1, 1004 BGB, 22 KUG, Art. 1 Abs. 1 i.V.m. Art. 2 Abs. 1 GG.* Die Voraussetzungen des Unterlassungsanspruchs sind in beiden Fällen die gleichen. Es muss eine *widerrechtliche Verletzung/ein Verstoß* vorliegen und zudem *Wiederholungsgefahr* bestehen.

Widerrechtliche Verwendung

Widerrechtlich ist die Verwendung eines Fotos, wenn der Verletzer über die für diese Art der Verwendung erforderlichen Nutzungsrechte (siehe hierzu Kapitel 2) bzw. Einwilligung (siehe hierzu Abschnitt 8.4) überhaupt nicht oder nicht in ausreichendem Umfang verfügt und keine der gesetzlichen Schranken (siehe hierzu Abschnitt 5.1) bzw. Ausnahmen (siehe hierzu Abschnitt 8.5) greift.

Unerheblich ist an dieser Stelle auch, ob der Verstoß im *privaten* oder *gewerblichen* Bereich erfolgte.

Der Unterlassungsanspruch besteht *verschuldensunabhängig*. Es ist also nicht erforderlich, dass der Verletzer die Rechtswidrigkeit seines Handelns kannte. Auch der gutgläubige Verletzer ist daher zur Unterlassung der Verwendung des nicht ausreichend lizenzierten Fotos verpflichtet, selbst wenn er auf den Bestand und die Reichweite der ihm eingeräumten Rechte vertraut hat (siehe hierzu Abschnitt 4.1).

> ### Vorsicht
>
> Dies gilt selbst dann, wenn der Verletzer oder eben Sie das Foto von einer professionellen Bildagentur oder einem Fotografen erworben haben.

Wiederholungsgefahr

Die Anforderungen hinsichtlich des Vorliegens der *Wiederholungsgefahr* sind denkbar gering.

> ### Hinweis
>
> Bereits die einmalige Rechtsverletzung begründet die Wiederholungsgefahr. Wenn eine Rechtsverletzung in der Vergangenheit begangen wurde, besteht eine vermutete Wiederholungsgefahr für die Zukunft.

Es ist also nicht Voraussetzung, dass der Verletzer wiederholt den Verstoß begangen hat, wie es der Name vielleicht vermuten ließe.

Die bloße Aufgabe des rechtswidrigen Verhaltens genügt zur Ausräumung der Wiederholungsgefahr dann in der Regel nicht mehr. Selbst die Aufgabe des Geschäftsbetriebs lässt die Wiederholungsgefahr regelmäßig nicht entfallen, denn wie die Rechtsverletzung selbst könnte dieser ja jederzeit wieder aufgenommen werden.

> ### Vorsicht
>
> Die Wiederholungsgefahr kann nur durch die Abgabe einer ausreichend strafbewehrten Unterlassungserklärung beseitigt werden (siehe hierzu Abschnitt 9.3.1).

Selbst wenn eine Rechtsverletzung noch nicht erfolgt ist, kann bereits ein sog. *vorbeugender Unterlassungsanspruch* bestehen. Dafür muss die konkrete Gefahr einer erstmaligen Verletzung (*Erstbegehungsgefahr*) bestehen. Die Anforderungen hierfür sind recht hoch. Der Rechteinhaber muss hier konkrete, greifbare Anhaltspunkte für den drohenden Rechtsverstoß darlegen. Solche Anhaltspunkte können beispielsweise konkrete *Vorbereitungshandlungen* sein, die die geplante Veröffentlichung nur noch als eine Frage der Zeit erscheinen lassen.

9.2.2 Der Auskunftsanspruch

Der Rechteinhaber weiß regelmäßig nicht, wo überall und über welchen Zeitraum das zu seinen Gunsten geschützte Foto vom Verletzer verwendet wurde. Er benötigt diese Informationen jedoch, um seinen Schadensersatz beziffern zu können.

Liegt eine Urheberrechtsverletzung in *gewerblichem Ausmaß* vor, so hat der Rechteinhaber Anspruch auf Auskunft über die Herkunft und den Vertriebsweg, § 101 ff. UrhG. Er kann in diesem Zusammenhang zum Beispiel auch Angaben verlangen wie:

- Nennung von etwaigen Unterseiten, auf denen das Foto noch abgebildet war;
- woher das konkrete Foto stammt, also die Quelle;
- die Nennung des Zeitraums, über den das Foto auf der Internetseite abrufbar war.

Das gewerbliche Ausmaß kann sich sowohl aus der *Anzahl der Rechtsverletzungen* als auch aus der *Schwere der Rechtsverletzung* ergeben.

Daneben steht dem Rechteinhaber der allgemeine Auskunftsanspruch zur Verfügung. Hierbei handelt es sich um einen sogenannten Hilfsanspruch. Steht fest, dass der Verwender zum Schadensersatz verpflichtet ist, so hat der Rechteinhaber Anspruch auf Erteilung der Auskünfte, die er zur Bezifferung seines Anspruchs auf Schadensersatz benötigt, nach § 242 BGB.

Hinweis
Die Auskunft wird regelmäßig den *Beginn, Dauer und Ort der Nutzung* sowie die verwendete Auflösung und Motivgröße des Werks umfassen.

Der Auskunftspflicht können unter Umständen Rechte des Auskunftsverpflichteten entgegenstehen, wie z.B. der Schutz des Betriebs- und Geschäftsgeheimnisses.

Bei der Veröffentlichung von *Personenfotos* im *redaktionellen Bereich* kann der Auskunftspflicht die *Pressefreiheit* entgegenstehen, denn diese schützt auch die Vertraulichkeit zwischen der Presse und ihren Informanten, zu denen auch die Lieferanten von Fotos (Bildagenturen, Fotografen etc.) gezählt werden.

9.2.3 Der Schadensersatzanspruch

Bei Vorliegen eines Urheberrechtsverstoßes oder einer Verletzung des Rechts am eigenen Bild hat der Rechteinhaber zudem Anspruch auf einen angemessenen *Schadensersatz*.

Handelt es sich um eine besonders schwerwiegende Rechtsverletzung, kann bei einer Persönlichkeitsrechtsverletzung zusätzlich eine *Geldentschädigung* zu leisten sein.

Für das Urheberrecht folgt der Anspruch auf Schadensersatz aus *§ 97 Abs. 2 UrhG*, für das Recht am eigenen Bild aus *§ 823 BGB*.

Die Voraussetzungen des Schadensersatzanspruchs

Der Schadensersatzanspruch setzt in beiden Fällen ein *Verschulden* des Verletzers voraus.

Wichtig
Ein fahrlässiger Verstoß genügt.

Fahrlässig handelt, wer die *im Verkehr*, also im Umgang mit Fotos und den Rechten daran, *gebotene Sorgfalt* außer Acht lässt.

Vorsicht
Im Urheberrecht gilt ein sehr strenger Sorgfaltsmaßstab. Praktisch jede Urheberrechtsverletzung ist damit fahrlässig.

Ein geschütztes Vertrauen in das Bestehen der zugesicherten Rechte gibt es nicht.

Wichtig

Es gibt keinen *Gutglaubensschutz* an das Bestehen eines Nutzungsrechts an einem Foto. Wenn Sie ein Foto nutzen möchten, müssen Sie sich im Einzelfall vergewissern, dass Sie hierzu berechtigt sind. Auf einfache Zusicherungen dürfen Sie sich nicht verlassen. Sie müssen die Kette der einzelnen Rechtsübertragungen vollständig überprüfen und gegebenenfalls Rechtsrat einholen.

Beispiel

Erwirbt ein Modeunternehmen Fotos für seine Webseite von einer professionellen Fotoagentur, muss das Modeunternehmen sich vergewissern, dass die Fotoagentur auch tatsächlich über die erforderlichen Nutzungsrechte vom Fotografen als Urheber und über die Einwilligung des Models für die geplante Form der Verwendung verfügt.

Beispiel

Ein Websitebetreiber verwendete das Foto eines Fotografen auf seiner Website und wurde von einer Bildagentur wegen der angeblich unberechtigten Verwendung des Fotos auf Schadensersatz in Anspruch genommen. Der Webseitenbetreiber berief sich darauf, dass die von ihm mit der Erstellung der Website beauftragte Werbeagentur ihm die Rechte an dem Foto veräußert und dabei zugesichert habe, Rechteinhaber zu sein. Das OLG München wertete das Vorgehen des Webseitenbetreibers als fahrlässig. Dieser hätte sich nicht auf die Zusicherung verlassen dürfen, sondern hätte sich überprüfbare Unterlagen vorlegen lassen müssen. Die Folge: Schadensersatz für die Bildagentur (OLG München, Urteil vom 15.1.2015 –29 W 2554/14).

Haben Sie Zweifel an der eigenen Berechtigung zur Verwendung, so sollten Sie diese unterlassen. Das Risiko des Rechtsirrtums tragen immer Sie als Verwender.

Tipp

Erwerben Sie die Fotos nicht vom Fotografen als Urheber direkt, wird es Ihnen praktisch kaum möglich sein, mit vertretbarem Aufwand vollständige Gewissheit über eine lückenlose Rechtekette zu erlangen. Das Haftungsrisiko kann dann lediglich durch eine Haftungsfreistellung gegenüber dem Lizenzgeber verringert werden. Die Haftung gegenüber dem Rechteinhaber berührt eine solche Regelung jedoch nicht.

Die Schadensberechnung

Derjenige, dessen Rechte verletzt wurden, kann seinen Schadensersatz auf *drei verschiedene Arten* berechnen.

Der Rechteinhaber kann verlangen, dass ihm sein *entgangener Gewinn* ersetzt wird, der *Verletzergewinn* an ihn herausgegeben wird oder die Schadensberechnung im Wege der *Lizenzanalogie* (fiktive Lizenzgebühr) erfolgt.

Hinweis

Zwischen den genannten Berechnungsmethoden kann der Rechteinhaber, auch noch während eines Gerichtsverfahrens, *frei wählen* bzw. die Berechnungsmethode wechseln.

Das Wahlrecht des Verletzten endet erst mit der Erfüllung des Anspruchs oder dessen rechtskräftiger Zuerkennung. Die mit Abstand höchste praktische Relevanz hat die Berechnung nach der Lizenzanalogie, da sie am einfachsten darzulegen und zu beweisen ist.

Konkreter Schaden / Entgangener Gewinn

Verlangt der Rechteinhaber Ersatz des ihm entstandenen Schadens, so ist er so zu stellen, wie er ohne die Rechtsverletzung stünde. Er hat ebenfalls Anspruch auf den ihm *entgangenen Gewinn*. Hierfür muss er darlegen und beweisen, welche Vermögensnachteile ihm konkret entstanden sind und welcher Gewinn ihm nach dem *üblichen Verlauf der Dinge* zugeflossen wäre.

Beispiel

Einen entgangenen Gewinn stellt es dar, wenn der unmittelbar bevorstehende Abschluss eines Vertrages zwischen einem Fotografen und einer Werbeagentur für die exklusive Nutzung eines Fotos durch eine unberechtigte Verwendung des Fotos vereitelt wird.

Der Verletzergewinn

Eine weitere Möglichkeit zur Schadensberechnung ist die Abschöpfung des Gewinns, den der Verletzer aufgrund der rechtswidrigen Verwertung des Fotos erzielt hat, der sog. *Verletzergewinn*.

Der Verletzer schuldet dem Rechteinhaber den von ihm erzielten Gewinn, unabhängig davon, ob der Verletzer diesen ebenfalls hätte erzielen können. Der herauszugebende Gewinn muss auf der begangenen Rechtsverletzung beruhen. Diese muss also *ursächlich* für ihn sein. Verlangt werden kann nur der Reinerlös nach Abzug der Selbstkosten des Verletzers. Auch Werbeeinnahmen können als Gewinn abgeschöpft werden, wenn das verwendete Foto mitursächlich für sie war.

Beispiel

Verwendet eine Online-Zeitschrift ein Foto, ohne hierzu berechtigt zu sein, kann der Fotograf die Werbeeinnahmen, z.B. durch Bannerwerbung, herausverlangen, die im ursächlichen Zusammenhang mit der Verwendung des Fotos stehen.

Die Lizenzanalogie

Die wichtigste und am häufigsten verwendete Methode zur Schadensberechnung ist die Forderung der *fiktiven Lizenzgebühr*.

Der Rechteinhaber kann danach verlangen, was ein vernünftiger Lizenznehmer gewährt und ein vernünftiger Lizenzgeber in einem Vertrag bei dieser Sachlage gefordert hätte.

Hinweis

Bei der Veröffentlichung eines Personenfotos ist Voraussetzung für die Forderung einer Lizenzgebühr, dass die Personenaufnahme kommerzialisierbar ist und die Veröffentlichung zumindest auch kommerziellen Charakter hat. Bei redaktionellen Presseveröffentlichungen wird eine Berechnung nach der Lizenzanalogie regelmäßig ausscheiden.

Beispiel

Das OLG Hamburg versagte mit dieser Begründung einer Frau die Zahlung einer fiktiven Lizenzgebühr, die auf einem Ball mit Pressevertretern ein freizügiges Abendkleid getragen hatte, das kurzzeitig den fotografierten Blick auf ihre entblößte Brustwarze freigegeben hatte (OLG Hamburg, Urteil vom 2.5.2006 – 7 U 19/06).

Schadensersatz im Wege der Lizenzanalogie ist kein Entgelt i.S.v. § 1 UStG, weshalb darauf keine Umsatzsteuer anfällt.

Was eine angemessene Lizenz darstellt, entscheidet im Prozess das Gericht. Eine bundesweit einheitliche Rechtsprechung besteht hierzu leider nicht.

Vielfach werden die Bildhonorare der Mittelstandsgemeinschaft Foto-Marketing, die sog. *MFM-Tabellen*, als Referenz im *kommerziellen Bereich* herangezogen. Die Tabellen unterscheiden z.B. nach diversen Nutzungsformen – redaktionell, für Handelsprodukte und werblich sowie dem Medium und die Art und Weise, wo das Foto verwendet wurde, etwa in einem Newsletter oder in einem Webshop.

Beispiel

Für eine dreimonatige Nutzung eines Fotos in einem Webshop sehen die MFM-Tabellen 2017 z.B. eine Lizenz in Höhe von 225,00 € vor. Hinzukommen können noch diverse Zuschläge.

Im privaten Bereich lehnen die Gerichte die MFM-Tabellen mehr oder weniger durchgängig ab.

Hinweis

Aber auch im kommerziellen Bereich verlangen die Gerichte, so z.B. das Landgericht Berlin, zunehmend den konkreten Nachweis, dass der (auch der professionelle) Fotograf die von ihm geforderte Lizenz tatsächlich zuvor verlangt und auch erhalten hat.

Grundsätzlich trägt der verletzte Rechteinhaber die *Darlegungs- und Beweislast*, seine Lizenzen in vergleichbaren Fällen zu der Höhe des angeforderten Schadens erteilt zu haben. Kann der Fotograf belegen, dass die von ihm angesetzten Lizenzpreise am Markt tatsächlich gezahlt werden, kann er diese ersetzt verlangen, auch wenn sie über den durchschnittlichen Preisen liegen. Unerheblich ist, ob der Verletzer durch die Verwendung des Fotos einen Gewinn erzielt hat.

Bei der zu zahlenden Lizenz wird zu berücksichtigen sein, ob es sich um ein Lichtbildwerk oder um ein Lichtbild handelt (siehe hierzu Kapitel 1). Bei Ersterem wird die Lizenzgebühr in der Regel höher anzusetzen sein.

Falsche oder fehlende Urhebernennung führt zur Verdopplung

Erfolgt die urheberrechtliche unberechtigte Nutzungshandlung zudem ohne zutreffende *Urhebernennung* (siehe hierzu Abschnitt 2.7), also gänzlich ohne, aber auch durch eine falsche, so führt dies in der Regel zu einer *Verdopplung* der zu zahlenden Lizenzgebühr. Dies gilt dem Grunde nach sowohl für Lichtbildwerke als auch für Lichtbilder.

Noch nicht abschließend geklärt sind die Fälle, in denen die Urheberrechtsverletzung zulasten von Fotos erfolgt, die aus *unentgeltlichen Quellen*, etwa aus einer Fotodatenbank wie z.B. Pixelio stammen, oder mit einer CC-Lizenz (siehe hierzu Abschnitt 6.2) versehen sind. Es spricht hier viel dafür, dass jedenfalls die MFM-Tabellen nicht ohne Weiteres Anwendung finden, wenn der Urheber das Foto kostenlos zur Verfügung stellt.

Beispiel

Ein Radiosender hatte auf seiner Internetseite ein von flickr.com unter einer CC-BY-NC-Lizenz (also unter Namensnennung des Urhebers und nicht für kommerzielle Zwecke) bezogenes Foto veröffentlicht und den Urheber nicht in der nach den Lizenzbestimmungen vorgeschriebenen Weise genannt. Das OLG Köln hat den »objektiven Wert« einer nicht kommerziellen Nutzung eines unter CC-Lizenz angebotenen unentgeltlichen Fotos mit null angesetzt. Der übliche 100%ige Aufschlag für die fehlende Urhebernennung entfalle demnach ebenfalls, denn 100% von null sei immer noch null (OLG Köln, Urteil vom 31.10.2014 − I-6 U 60/14).

Ob dieses Urteil ohne Weiteres auch auf eine kommerzielle Verwendung übertragen werden kann, wird zu klären sein. Zu berücksichtigen ist, dass der Fotograf, der seine Fotos unentgeltlich, jedoch unter Nennung seines Namens im Internet zur Verfügung stellt, die Steigerung seiner Bekanntheit und seines Marktwertes bezweckt. Hierin liegt sein erstrebter wirtschaftlicher Vorteil.

Tipp

Es stellt eigentlich eine Selbstverständlichkeit dar:
Die sich aus einer CC-Lizenz, den AGB des Fotografen oder einer Fotodatenbank oder aus einem geschlossenen Lizenzvertrag ergebenden Lizenzbedingungen, sind, insbesondere im Hinblick auf die Art und Weise der Urhebernennung, genau zu lesen und natürlich zu beachten.

9.2.4 Geldentschädigung/Immaterieller Schaden

Die Verletzung des Rechts am eigenen Bild und der Urheberrechtsverstoß können bei besonders schwerwiegenden Verletzungen zusätzlich auch eine Geldentschädigung bzw. einen immateriellen Schadensersatz nach sich ziehen.

Geldentschädigung

Verletzt ein verwendetes Foto das *Recht am eigenen Bild* des Abgebildeten, so steht diesem ein Geldentschädigungsanspruch zu, wenn es sich um einen *schwerwiegenden Eingriff* handelt und die Beeinträchtigung *nicht in anderer Weise befriedigend ausgeglichen* werden kann.

Ob eine schwerwiegende Persönlichkeitsrechtsverletzung vorliegt, hängt insbesondere von der Bedeutung und der Tragweite des Eingriffs, ferner vom Anlass und Beweggrund des Handelnden sowie vom Grad seines Verschuldens ab.

Eine öffentliche Entschuldigung oder eine freiwillige Richtigstellung kann den Geldentschädigungsanspruch im Einzelfall entfallen lassen. Wenn der Abgebildete jedoch erst durch die Bildveröffentlichung in das Scheinwerferlicht der Öffentlichkeit gezogen wurde, ist die Gegendarstellung kein geeignetes Ausgleichsmittel.

Beispiel

Eine schwerwiegende Persönlichkeitsrechtsverletzung wird regelmäßig angenommen bei einer wiederholten und hartnäckigen Verletzung des Rechts am eigenen Bild, die um des wirtschaftlichen Vorteils erfolgt oder im Fall der Verwendung des Personenfotos im sexuellen Zusammenhang und bei der Veröffentlichung von Nacktfotos.

Auch eine kommerzielle, insbesondere werbliche Verwendung eines Personenfotos kann eine Geldentschädigung zur Folge haben. Speziell dann, wenn das beworbene Produkt für das Ansehen des Abgebildeten abträglich ist.

Die Höhe der Geldentschädigung orientiert sich am Einzelfall und berücksichtigt neben der Schwere der Verletzung auch die wirtschaftliche Stellung des Verletzers. Die Spanne der bisher von den Gerichten zugesprochenen Geldentschädigungen reicht ganz grob von ca. 700 € bis 500.000 €.

Immaterieller Schadensersatz

Der *Urheberrechtsverstoß* verpflichtet den Verletzer *zusätzlich* zur Erstattung des sog. immateriellen Schadens, wenn das Urheberpersönlichkeitsrecht, also die Beziehung des Schöpfers zu seinem Werk (siehe hierzu Abschnitt 2.1.1), besonders schwer beeinträchtigt wurde.

Ob ein besonders schwerer Verstoß vorliegt, hängt auch hier wiederum von der Bedeutung und Tragweite des Eingriffs, dem Anlass und Beweggrund des Handelnden und dem Grad des Verschuldens ab.

Beispiel

Hat der Verletzer die Fotos lediglich verwendet, ohne über die erforderliche Lizenz zu verfügen, scheidet ein immaterieller Anspruch aus. Auch wurde einem Fotografen ein immaterieller Schadensersatz versagt, weil sein Foto in einer esoterischen Zeitschrift abgedruckt wurde, mit deren Inhalt dieser sich nicht identifizieren konnte (OLG München, Urteil vom 21.3.1996 – 29 U 5512/95). Im Fall einer verstümmelten Verwertung eines Fotos auf einem Buchumschlag wurde hingegen ein immaterieller Schadensersatz zuerkannt (BGH, Urteil vom 6.4.2015 – I ZR 225/12).

Es handelt sich um einen persönlichkeitsrechtlich geprägten Anspruch. Anspruchsinhaber kann daher *nur der Urheber bzw. Lichtbildner*, also der Fotograf sein, nicht ein Lizenznehmer.

9.3　Wie setzt der Rechteinhaber seine Rechte durch?

Die Rechtsdurchsetzung erfolgt in der Regel, wenn keine außergerichtliche Einigung erzielt wird, im Wege der Abmahnung, der einstweiligen Verfügung und schließlich der Hauptsacheklage.

Je nachdem, ob Sie als Rechteinhaber gegen einen Verletzer vorgehen oder Sie selbst als Verletzer von dem tatsächlichen Rechteinhaber in Anspruch genommen werden, ist höchste Vorsicht geboten. Der Einfachheit halber schreiben wir auch nachfolgend nur von dem Rechteinhaber oder dem Verletzer. Auf beiden Seiten können Sie sich wiederfinden.

9.3.1　Die Abmahnung

Der Unterlassungsanspruch wird regelmäßig zunächst im Wege einer *Abmahnung* geltend gemacht.

Die Abmahnung, also die Aufforderung, das rechtsverletzende Verhalten sofort zu unterlassen, häufig verbunden mit der Geltendmachung von anwaltlichen Abmahnkosten, erfolgt letztlich im Interesse des Abgemahnten, denn sie soll diesem vor der Einleitung eines Gerichtsverfahrens die Möglichkeit geben, den Rechtsverstoß abzustellen. Mahnt der Rechteinhaber vor Einleitung gerichtlicher Schritte nicht ab, läuft er Gefahr, auf den Verfahrenskosten eines von ihm dann angestrengten Prozesses sitzen zu bleiben, wenn der Verletzer den Anspruch *sofort anerkennt*.

In der Abmahnung wird der Verletzer zur Abgabe einer mit einer *angemessenen Vertragsstrafe* versehenen *Unterlassungserklärung* aufgefordert. Denn nur diese ist geeignet, die bereits durch den einmaligen Verstoß eingetretene Wiederholungsgefahr zu beseitigen.

Die strafbewehrte Unterlassungserklärung

Die Unterlassungserklärung enthält das Versprechen, eine zukünftige Rechtsverletzung dieser Art zu unterlassen. Dieses Versprechen muss »strafbewehrt« abgegeben werden. Ansonsten beseitigt die Unterlassungserklärung die Wiederholungsgefahr nicht.

Es reicht nicht aus, dass der Verletzer z.B. lediglich das konkrete Foto, wegen dessen er abgemahnt wurde, von seiner Internetseite nimmt und löscht, also die Rechtsverletzung beseitigt. Vielmehr muss der Verletzer im Rahmen einer strafbewehrten Unterlassungserklärung versichern, dass er die Handlung zukünftig nicht mehr wiederholen wird.

Strafbewehrt bedeutet, dass im Fall des Verstoßes gegen die Verpflichtungserklärung, der Verletzer sich verpflichtet, eine Vertragsstrafe an den Rechteinhaber zu entrichten. Nach dem sog. *Neuen Hamburger Brauch*, der sich in der Praxis durchgesetzt hat, wird die Bestimmung der (angemessenen) Höhe in das Ermessen des Rechteinhabers des Unterlassungsanspruchs gestellt, kann aber von dem zuständigen Gericht auf deren Angemessenheit überprüft werden. Der abmahnende Rechteinhaber hat keinen Anspruch auf eine der Höhe nach genau bezifferte Vertragsstrafe.

Vorsicht

Bei der Abgabe einer strafbewehrten Unterlassungserklärung, insbesondere bei durch den Rechteinhaber vorformulierten Texten, ist höchste Vorsicht geboten, denn nimmt der Rechteinhaber Ihre Erklärung an, so kommt dadurch ein Vertrag zustande, der Sie auf unbestimmte Zeit bindet.

Wichtig

Nach Unterzeichnung der Unterlassungserklärung ist sicherzustellen, dass die abgemahnten Inhalte *vollständig* und *dauerhaft* von den Servern entfernt werden, und nicht lediglich die Verlinkung auf die Inhalte gelöscht wird. Auch eine zukünftige (Wieder-)Verwendung sollte technisch ausgeschlossen werden. Zudem ist der Verletzer verpflichtet, in gewissem Umfang auch auf Dritte einzuwirken, dass eine fortbestehende Rechtsverletzung beseitigt wird. So muss der Verletzer z.B. auch durch entsprechende Aufträge an Google dafür Sorge tragen, dass der Google-Cache mit dem streitgegenständlichen Foto aktualisiert wird. Google hält hierfür eine spezielle Service Seite vor:
https://www.google.com/webmasters/tools/removals.

Nimmt der Rechteinhaber und Abmahner das Unterlassungsversprechen an, so haben die Parteien einen wirksamen, auf unbestimmte Zeit gültigen *Unterlassungsvertrag* geschlossen. Verstößt der Verletzer dann gegen den Unterlassungsvertrag, wobei als Verstoß auch sog. *kerngleiche Verstöße* angesehen werden, so hat der Rechteinhaber Anspruch auf Zahlung einer angemessenen *Vertragsstrafe*, die bei Fotorechtsverletzungen je nach Umfang der Verletzung leicht bei 5.000 € liegen kann.

Hinweis

Kerngleich ist ein Verstoß, wenn in ihm das Charakteristische der konkreten Verletzungsform zum Ausdruck kommt. Umfasst der Unterlassungsvertrag z.b. ein Foto eines Fotografen, so stellt es jedoch keine kerngleiche Verletzung und Verstoß gegen den Unterlassungsvertrag dar, wenn in der Folge ein anderes aus dem Portfolio des Fotografen stammendes Foto unberechtigterweise verwendet wird.

Beispiel

Als kerngleich wurde die Verwendung von Fotos angesehen, die aus ein und demselben Kfz-Gutachten stammten, wie die fünf streitgegenständlichen Fotos (BGH, Urteil vom 20.6.2013 – I ZR 55/12).

Vorsicht

Löscht der Verletzer lediglich den zu dem Foto führenden Link, bleibt das Foto selbst jedoch durch Eingabe der URL-Adresse weiterhin abrufbar, so stellt dies einen Verstoß gegen den Unterlassungsvertrag dar und die Vertragsstrafe ist verwirkt.

Spezielle Formvorgaben gibt es für die Abmahnung nicht. Jedoch muss der Rechtsverstoß in der Abmahnung genau bezeichnet werden, sodass der Abgemahnte weiß, welches Verhalten er zu unterlassen hat. Die Abmahnung muss klar zum Ausdruck bringen, dass für den Fall der Nichtbefolgung gerichtliche Schritte die Folge sind. Die Abmahnung muss weiter eine angemessene Frist benennen, in der die geforderte Unterlassungserklärung abzugeben ist. Die Frist kann in einigen Fällen nur wenige Tage betragen.

Vorsicht

Unter keinen Umständen sollte eine Abmahnung einfach ignoriert und noch viel weniger, ohne Prüfung durch einen spezialisierten Rechtsanwalt, einfach eine strafbewehrte Unterlassungserklärung unterzeichnet werden.

Aufgrund der Abmahnung ist der Rechteinhaber auch berechtigt, eine Erstattung der ihm entstandenen gesetzlichen Anwaltskosten zu verlangen. Diese wird er regelmäßig zusammen mit einem etwaigen Auskunftsanspruch, oder wenn ihm die Bezifferung bereits möglich ist, mit einem Schadensersatzanspruch in der Abmahnung geltend machen.

9.3.2   Die einstweilige Verfügung

Der Rechteinhaber kann aber auch gleich gerichtliche Hilfe in Form einer sog. *einstweiligen Verfügung* für die Durchsetzung seines Unterlassungsanspruchs in Anspruch nehmen. In diesem Fall trägt er jedoch das oben beschriebene Kostenrisiko, wenn der Verletzer den Anspruch sofort anerkennt.

Bei der einstweiligen Verfügung handelt es sich um ein gerichtliches Eilverfahren. Die einstweilige Verfügung dient nicht der endgültigen Befriedigung, sondern nur der Sicherung der Rechte, bis der Rechteinhaber einen vollstreckbaren Titel durch ein Endurteil erhält. Das angerufene Gericht entscheidet im Regelfall durch einen Beschluss ohne mündliche Verhandlung oder durch Urteil mit mündlicher Verhandlung, wenn das Gericht noch Zweifel an der Berechtigung des Anspruchs hat.

Auskunft und Schadensersatz kann der Rechteinhaber mit der einstweiligen Verfügung nicht verlangen, denn wie der Name schon sagt, stellt diese nur eine vorläufige Regelung bis zu einem Hauptsacheprozess dar und die Zuerkennung eines Schadensersatzes würde eine Vorwegnahme der Hauptsache darstellen und vollendete Tatsachen schaffen.

Die einstweilige Verfügung ist nach ihrer Zustellung an den Verletzer von diesem *sofort zu befolgen*. Verstöße hiergegen können mit sog. Ordnungsmitteln, die wiederum bei Gericht zu beantragen sind, geahndet werden.

Die erlassene einstweilige Verfügung kann, sofern sie ohne mündliche Verhandlung erlassen wurde, mit dem *Widerspruch*, nach mündlicher Verhandlung mit der *Berufung* angegriffen werden. Da aufgrund der Höhe der Unterlassungsstreitwerte im Urheberrecht regelmäßig die Landgerichte zuständig sind, benötigen Sie hierfür stets einen Rechtsanwalt.

Die wirksam zugestellte einstweilige Verfügung kann aber auch im Wege einer sog. *Abschlusserklärung* als endgültige und verbindliche Regelung zwischen den Parteien anerkannt werden und ein Hauptsacheverfahren, jedenfalls im Hinblick auf den Unterlassungsanspruch, überflüssig machen.

9.3.3   Der Hauptsacheprozess

Scheitert eine außergerichtliche Einigung oder wird eine Abschlusserklärung nach einer einstweiligen Verfügung nicht abgegeben oder wenn noch Auskunfts- und/oder Schadensersatzansprüche sowie Abmahnkosten im Raum stehen, muss ein Hauptsacheverfahren geführt, also *Klage* eingereicht werden.

Aufgrund der Überlastung der Gerichte ist mit einem Abschluss eines solchen Verfahrens nicht vor einem Jahr zu rechnen.

9.3.4   Verjährung

Die vorbezeichneten Ansprüche verjähren in der *regelmäßigen Verjährungsfrist von drei Jahren*.

Die Verjährungsfrist beginnt mit dem Schluss des Jahres, in dem der Anspruch entstanden ist und der Rechteinhaber von den den Anspruch begründenden Umständen und der Person des Schuldners Kenntnis erlangt hat, § 102 UrhG, 195 ff. BGB. Solange die Verletzungshandlung, also z.B. die Fotoverwendung, noch andauert, liegt eine *Dauerhandlung* vor, mit der Folge, dass die Verjährung nicht beginnt.

Beispiel

Erhält ein Rechteinhaber am 1.5.2016 Kenntnis, dass ein Webshop sein Foto ohne seine Genehmigung zur Produktbebilderung verwendet hatte, nun jedoch nicht mehr verwendet, so verjährt sein Anspruch auf Unterlassung und Auskunft am 31.12.2019.

Der Anspruch auf Zahlung eines *Lizenzschadens*, also einer angemessenen Lizenzgebühr, verjährt jedoch erst in *zehn Jahren* von seiner Entstehung und Kenntnis des Rechteinhabers an, § 102 S. 2 UrhG i.V.m. § 852 BGB.

9.4   Gibt es strafrechtliche Konsequenzen bei der unbefugten Foto- oder Bildnisverwendung?

Ja. Kann es geben.

Sowohl das Urheberrecht als auch das Recht am eigenen Bild sehen bei einem vorsätzlichen Verstoß strafrechtliche Konsequenzen vor.

Für das Urheberrecht folgt dies aus den *§§ 106 ff. UrhG*. Die unerlaubte Verwertung urheberrechtlich geschützter Werke, aber auch von Lichtbildern, wird mit Freiheitsstrafe bis zu drei Jahren oder mit Geldstrafe bestraft, § 108 UrhG.

Auch das Recht am eigenen Bild nennt strafrechtliche Konsequenzen. Diese finden sich in *§ 33 KUG*.

Danach wird mit Freiheitsstrafe bis zu einem Jahr oder mit Geldstrafe bestraft, wer ein Bildnis veröffentlicht, ohne über die Einwilligung des Abgebildeten zu verfügen und ohne sich auf eine der gesetzlichen Ausnahmen stützen zu können.

Neben § 33 KUG steht auch nach dem allgemeinen Strafgesetzbuch das unbefugte Aufnehmen von Personen unter Strafe, *§ 201a StGB*. Die Strafnorm soll der technischen Entwicklung mit immer kleineren Aufnahmegeräten und der gleichzeitig stetig wachsenden Bedeutung des Fotos und der Zunahme und Verfügbarkeit diverser digitaler Verbreitungswege, wie z.B. Social Media, Rechnung tragen.

§ 201a StGB stellt im Gegensatz zu § 33 KUG auch das unbefugte *Herstellen* und *Übertragen* einer Bildaufnahme unter Strafe. Geschützt wird nach der Strafnorm der höchstpersönliche Lebensbereich einer Person.

Bei all diesen vorstehenden Strafnormen handelt es sich jedoch um sog. *relative Antragsdelikte*.

Voraussetzung ist also, dass der Urheber oder Geschädigte einen *Strafantrag* stellt oder die Staatsanwaltschaft ein *besonderes öffentliches Interesse* bejaht.

Selbst wenn ein Strafantrag gestellt wurde, erhebt die Staatsanwaltschaft nur dann Anklage, wenn dies *im öffentlichen Interesse* liegt, §§ 374, 376 StPO. Dies wird nur selten der Fall sein. Dem Urheber oder Geschädigten bleibt jedoch die Möglichkeit, den *Privatklageweg* zu beschreiten.

Hinweis
Die praktische Bedeutung der Strafvorschriften ist gering. Ein öffentliches Interesse dürfte in den seltensten Fällen vorliegen. So z.B. im Fall »gewerbsmäßiger« Verstöße.

9.5 Ihre Rechte gegenüber Dritten (Agenturen und Fotohersteller)

9.5.1 Fotomängel

Wie in Kapitel 4 ausgeführt, gelten für den Vertrag zur Fotoherstellung, aber auch für den »Kauf« von Fotos, die allgemeinen Regeln des BGB neben denen des Urheberrechts.

Das bedeutet, dass der Fotograf als Hersteller der Fotos, oder eben die Agentur oder ein sonstiger Dritter, als deren Verkäufer die Fotos frei von *Sach- und Rechtsmängeln* zu übergeben hat.

9.5.2 Rechtsmangel – keine Nutzungsrechte

Als im BGB ungeregeltes Schuldverhältnis eigener Art findet auf den Lizenzvertrag ebenfalls das allgemeine Schuldrecht des BGB Anwendung.

Die verkauften oder hergestellten Fotos müssen danach auch frei von *Rechtsmängeln* sein.

So liegt z.B. ein Rechtsmangel vor, wenn die Verwendung des Fotos die Urheberrechte oder Persönlichkeitsrechte Dritter verletzt.

Beispiel

Sie haben eine Agentur mit dem Relaunch Ihrer Internetseite beauftragt. Gegenstand des Auftrags war auch die Zurverfügungstellung von Fotos nebst den hierfür erforderlichen Nutzungsrechten. Sie haben die Agentur bereits bezahlt. Nach zwei Jahren ungestörter Verwendung erhalten Sie die Abmahnung eines Fotografen, der behauptet, Urheber des Fotos zu sein und Ihnen keine Nutzungsrechte an dem Foto eingeräumt zu haben. Tatsächlich verfügt die Agentur nicht über die erforderlichen Nutzungsrechte bzw. durfte Ihnen keine Sublizenz daran einräumen.

In diesem Beispiel haben Sie als Verwender des Fotos eine Urheberrechtsverletzung begangen und der Fotograf hat gegen Sie Anspruch auf Unterlassung, Schadensersatz und Erstattung seiner Abmahngebühren. Im Verhältnis zwischen Ihnen und der Agentur stellt sich die von der Agentur laut Vertrag zu erbringende Leistung als mangelhaft dar, denn das Foto war nicht frei von Rechten Dritter und eignet sich damit nicht für die vertraglich zugesicherte Verwendung (Rechtsmangel).

Beispiel

Die Einwilligung eines auf dem Foto abgebildeten Models deckt nur die Verwendung im Rahmen einer zeitlich begrenzten Print-Werbekampagne. Wird das Foto dann zur Verwendung einer Produktbebilderung im Online-Shop verkauft, weist es einen Rechtsmangel auf, denn das Model kann dieser Verwendung erfolgreich entgegentreten und auch Sie als Verwender in Anspruch nehmen.

9.5.3   Sachmangel

Frei von *Sachmängeln* ist ein Foto, wenn es bei der Übergabe an den Besteller die vereinbarte Beschaffenheit aufweist.

Umso wichtiger ist es, dass der Verwender und der Fotograf klare Vereinbarungen über Qualität und Quantität der Fotos treffen. Fehlt es an solchen Regelungen, so ist die Frage zu stellen, ob sich die Fotos für die nach dem Vertrag vorausgesetzte oder die gewöhnliche Verwendung eignen.

Beispiel

Auch wenn klare Regelungen über die Qualität der Fotos fehlen, so weisen diese einen Sachmangel auf, wenn sie zur Produkt-Bebilderung in einem Online-Shop Verwendung finden sollen und die darzustellenden Produkte gar nicht oder nur schlecht abbilden.

Bei der Frage, ob in qualitativer Hinsicht ein Mangel vorliegt, ist jedoch zu berücksichtigen, dass der Fotograf eine gewisse künstlerische und inhaltliche Gestaltungsfreiheit in der Umsetzung des Auftrags hat. Diese ist zwar umso geringer, je klarer es sich um eine Auftragsarbeit und je weniger es sich um eine künstlerisch geprägte Fotoarbeit handelt. Die Abgrenzung ist jedoch schwierig und bereitet in der Praxis stets Probleme.

> **Tipp**
>
> Je klarer man die vertraglichen Vorgaben auch zu der Qualität der herzustellenden Fotos im Vorfeld herausarbeitet und festlegt, desto geringer ist das Streitpotenzial am Ende der Produktion. Es empfiehlt sich, mit Vergleichs- und Beispielfotos zu arbeiten, die den erwarteten Standard der Art und der Qualität der Fotos setzen.

9.5.4   Ihre Gewährleistungsansprüche

Liegt ein Sach- und/oder Rechtsmangel vor, so haben Sie Anspruch auf *Nachbesserung/Nachlieferung* und als zweiten Schritt auf *Schadensersatz, Minderung* und *Rücktritt*.

Das Zusammenspiel von Werk-/Kauf- und Lizenzvertrag ist nicht immer so einfach. Um keiner Rechte verlustig zu gehen, sollten Sie hier frühzeitig einen in dieser Materie tätigen Fachanwalt konsultieren.

Auch wenn »fehlende Rechte« Ihnen im Verhältnis zum Fotografen/ Agentur die vorstehenden Ansprüche verschaffen, so schützt Sie dies nicht gegenüber dem tatsächlichen Rechteinhaber selbst. Von diesem können Sie ungeachtet dessen als Rechtsverletzer in Anspruch genommen werden, wie die nachfolgenden Ausführungen zeigen.

Diese nachfolgenden Ansprüche stehen umgekehrt aber auch Ihnen gegen Dritte zu, wenn Sie die ausschließlichen Nutzungsrechte erworben haben (Rechteinhaber) und ein Dritter das Foto dennoch nutzt (Verletzer).

Ines Eschbacher

Content Marketing
Das Workbook

**Schritt für Schritt zu
erfolgreichem Content**

**Von der Content-Strategie über die
-Planung, -Erstellung und -Distribution
bis hin zum Controlling**

**Mit umfangreichem Kapitel zum
Schreiben guter Webtexte**

**Zahlreiche Beispiele, praktische
Checklisten und Aufgaben**

Content Marketing ist heutzutage ein unverzichtbarer Bestandteil in jedem Marketing-Mix des Unternehmens. Ob Ratgeber, How-to, Blogbeitrag oder Unternehmensinfo – es ist der Content, der dem Konsumenten in unterschiedlichsten Alltagssituationen das Leben erleichtert. Doch guter Content alleine reicht längst nicht mehr aus. Die Konsumenten wünschen sich relevante und nützliche Informationen und Content, der wirklich weiterhilft und offene Fragen beantwortet. Oder Content, der begeistert und ein Lächeln ins Gesicht zaubert.

Mit diesem Buch erhältst du eine Schritt-für-Schritt-Anleitung, die dich von Anfang bis zum Ende auf deinem Weg zu einem erfolgreichen Content Marketing begleitet und dir bei der praktischen Umsetzung zur Seite steht. Die Autorin führt dich schrittweise durch die fünf Phasen des Content-Marketing-Zyklus: von der Definition von Marke, Zielen und Zielgruppen über die strategische Content-Planung, -Erstellung und -Distribution bis hin zum Controlling.

In jedem Kapitel findest du Aufgaben und Challenges sowie zahlreiche Checklisten und Tipps, die dich bei der konkreten Umsetzung unterstützen. Zusätzlich bietet dir das Workbook genug Platz für deine eigenen Notizen, damit du sofort loslegen kannst.

Das Workbook richtet sich an Content-Marketing-Newbies und an alle, die mit ihren Content-Marketing-Maßnahmen inhaltlich und strategisch durchstarten möchten.

ISBN 978-3-95845-516-0

Probekapitel und Infos erhalten Sie unter:
www.mitp.de/516

Index

Miriam Rupp

Storytelling für Unternehmen

Mit Geschichten zum Erfolg in Content Marketing, PR, Social Media, Employer Branding und Leadership

Storytelling als Basis für modernes Content Marketing

Wirkung und Erzählformate guter Geschichten

Zahlreiche anschauliche Beispiele und praktische Checklisten zur Ideenfindung

Storytelling ist für Marketingabteilungen das neue Fundament in der Kundenkommunikation über alte und neue Kanäle wie PR, Content Marketing und Social Media.

Marken wie Red Bull, Apple, Coca-Cola, Dove oder airbnb sind heutzutage in aller Munde, wenn es um Brand Storytelling geht. Doch was genau machen sie anders, als wir es von der traditionellen Unternehmenskommunikation kennen? Was können Sie von ihnen lernen? Anhand konkreter Beispiele erfahren Sie in diesem Buch, wie Storytelling erfolgreich im Marketing und in der Unternehmensführung eingesetzt werden kann.

Im ersten Teil des Buches lernen Sie detailliert, welche Bestandteile eine gute Geschichte enthalten sollte, und erfahren, wie Sie für Ihr Unternehmen Helden, Konflikte, ein Happy End und letztendlich Ihre eigene Rolle in einer Geschichte finden – passend zu Ihrer Unternehmensstrategie und -vision.

Der zweite Teil des Buches erläutert, wie Sie Ihre Geschichten optimal an Ihr Publikum bringen.

Die Autorin zeigt im dritten Teil des Buches, dass Storytelling nicht nur ein Thema für Lifestyle-Produkte wie Energy-Drinks oder Smartphones ist. Geschichten bieten gerade für technische oder Nischen-Themen oder auch im B2B-Bereich enormes Potenzial, das meist einfacher umzusetzen ist als angenommen.

Darüber hinaus ist Storytelling nicht nur ein Tool für die Kommunikation nach außen. Sie erfahren, inwiefern es auch für Employer Branding und Leadership generell von großer Bedeutung ist, um Mitarbeiter zu finden, zu halten und zu motivieren.

In jedem Kapitel finden Sie detaillierte Fragestellungen zur Ideenfindung, die Sie dabei unterstützen, Ihre eigene Story zu finden.

Zusätzlich geben Interviews mit Entrepreneuren, Agenturen und Storytelling-Verantwortlichen in Unternehmen ganz persönliche Eindrücke aus der Praxis.

ISBN 978-3-95845-242-8

Probekapitel und Infos erhalten Sie unter:
www.mitp.de/242